Míriam de Oxalá
(Míriam Prestes)

I0158808

DESVENDANDO A UMBANDA

Edição revisada e ampliada

Porto Alegre
Míriam Moreira Prestes
2019

Copyright© 1994 by: Míriam de Oxalá (Míriam Prestes)
DESVENDANDO A UMBANDA

Editor: Míriam Moreira Prestes

Capa: Míriam Moreira Prestes
Ilustrações: Míriam Moreira Prestes
Imagem da Capa: Photo by Mariy on Pexels – Free Royalty

ISBN papel: 978-85-924842-2-4
ISBN E-Book: 978-85-924842-4-8

Impresso no Brasil

SUMÁRIO

4

Certa vez, sonhei com um homem, um baiano de simpatia cativante que me levou a um trono perdido em nuvens.

Homem magnífico, vestido de vermelho, majestoso como um rei, disse: "Ajudarei, apesar dela não ser um dos nossos".

Nada sabia de Umbanda, tudo ignorava.

Por isso dedico esse trabalho a Xangô.

Kaô Kabieciê, Senhor Rei!

APRESENTAÇÃO

Gostaria de ter uma conversa com você. Aliás, antes de começar este trabalho, gostaria era de termos trocado ideias, ouvido suas opiniões, dúvidas e reais necessidades de conhecimentos. Já que não é possível, vamos esclarecer as razões que me motivaram a iniciar este livro e adotar alguns autores, de outras religiões.

Sei que mais uma colcha de retalhos, uma coletânea de textos já escritos por outros autores não cabe. Bom, a ideia começou com um pequeno manual distribuído aos médiuns na casa de Umbanda que frequento, com muita boa aceitação. Foi aí que vimos a urgência de algo bem simplificado, abrangente, gostoso e fácil de ler, diferente de toda a literatura já escrita sobre o assunto. Algo que fizesse a difícil tarefa de acabar com os regionalismos, evitasse as muitas superstições infundadas que correm por aí. Mas é muito querer abordar tudo em um simples livrinho. Porém, fiquei satisfeita por, pelo menos, ter podido falar nos pontos básicos que todo o mundo quer saber.

Nasci em lar espírita e toda a minha formação foi no Espiritismo, chegando a ser médium. O Espiritismo é uma doutrina brilhante, seus médiuns passam por uma boa escolarização, tornando-se disciplinados, estudiosos. Ninguém senta, sem constrangimento, em uma mesa sem saber o que é o passe magnético, como se processa e as noções científicas elementares que, mesmo sem se ter muita cultura, qualquer um pode compreender nos dias de hoje. Motivo houve para tornar-me umbandista, o qual ou os quais não me caberia citar. Todavia, desejo trazer elementos básicos encontrados na bibliografia espírita para explicar porquê acendemos uma vela, um preto-velho dá uma baforada com o seu cigarrinho de palha (ou cachimbo) no consulente, para sabermos um pouco, afinal, do que estamos fazendo dentro de uma casa de Umbanda.

Quero deixar bem claro que Umbanda não é Espiritismo e vice-versa. São coisas completamente distintas, apesar de haver alguns pontos em comum. E são esses pontos que iremos abordar.

Agora vamos conversar sobre alguns prós e contras.

Quando me refiro a superstição, quero falar sobre aquelas afirmações mais estranhas, sem fundamento, aquelas que, por desconhecimento qualquer um diz o que bem entender a seu respeito. Nos anos de trabalho, pessoalmente já escutei as coisas mais estranhas. Nesses casos, só temos de lamentar que se espalhem verdadeiros boatos sobre entidades, conduta nas casas, o que é isto ou aquilo. Não basta dizer que fulano ou beltrano disse. Creio que isso não é resposta.

Duvidar não é pecado. Pecado é não compreender onde estamos nos metendo, não é mesmo?

Há muitas polêmicas.

Uma são os limites da Umbanda e o Candomblé (ou Xangô, ou Nação, ou como é chamado o "candomblé" em sua localidade). Apesar de religiões irmãs, são diferentes. Na Linha Branca ou Umbanda são invocados os mesmos Orixás, daí estudá-los e recordar suas origens. Mas não há sacrifícios e cobrança de dinheiro. Dinheiro é problema delicado. Uma das Leis da Umbanda diz que deve haver caridade desinteressada.

Talvez, por esse motivo, os Exus ou Elebaras não "baixam", não trabalham com o público, são evitados por exigirem sacrifícios. Quem sabe, por trabalharem em fluidos mais densos, por falta de esclarecimento, são vistos como facas de dois gumes. Sem eles, não há trabalho. E as casas não "cruzadas" não querem fazer sacrifícios. O que fazer?

Aí lembro de uma Pombagira que um dia disse que uma entidade superior a ensinara buscar na Natureza, em lugares específicos, os recursos que necessitava. Daí trabalhar "sem pagamento" e até gostar de fazer a caridade, apesar de ainda fazer parte das Falanges de Quimbanda. Ou seja, trabalhava "nos dois lados". O que falta então? Orientar as entidades, esclarecê-las de suas reais necessidades no plano espiritual com carinho e respeito.

Sobre dinheiro: os médiuns não devem receber "axés" ou remuneração pelos seus serviços. Deve-se limitar ao material gasto nas oferendas e utilizado nas sessões tais como álcool, velas, ervas, defumação, etc. Há inclusive casas que tão preocupadas com isso pedem ao consulente que traga o material ou são cobradas taxas não obrigatórias, insignificantes, com fins de pagar contas de água, luz e outras.

E tudo isso para quê? Em todas as regiões, em todas as atividades no mundo há os exploradores da boa-fé alheia. Muitos tornam a mediunidade uma forma fácil e lucrativa de ganhar a vida. Solicitam trabalhos desnecessários, coagem as pessoas, assustando as que os procuram na esperança de solução aos seus problemas. Cobram preços exorbitantes, prometem milagres que não se cumprem. Tornam a Umbanda ou o "candomblé" local em farsa, razão de pilhéria e descrédito. Por todos esses motivos reunidos, Jesus ensinou que deveríamos dar de graça o que de graça recebemos. Evita uma série de problemas ao próprio médium que, mais cedo ou mais tarde, vê-se em descrédito em seu meio, surgindo o que esse médium jura que acontece com todo o mundo menos com ele: os Guias afastam-se para darem lugar aos ferozes obsessores, alvo dos "castigos dos Orixás", que nada mais é do que o retorno de suas próprias más atitudes.

Como disse uma vez um preto-velho: o Bem e o Mal são bolas de borracha que, jogadas à parede, retornam a quem as jogou, com igual força e intensidade.

Desconfie dos lugares onde circula o dinheiro. Das aparências. Verifique a real destinação dos recursos e se existe o mais importante: o amor ao próximo.

Na mediunidade, a moeda circulante é o amor. Sem ele, viramos mercenários. É preciso ser muito forte quando começam os presentes, os elogios, os valores dados com carinho para auxiliar aqui ou ali. É nesses momentos que vemos até onde vai nossa vaidade pessoal, que acaba minando os círculos mediúnicos, e a enorme responsabilidade de servos dos Orixás, antes de tudo.

Para escrever, esbarramos na maior dificuldade: os regionalismos. E para complicar mais, as diferentes Nações de origem de cada Estado com língua, costumes e ritos diferentes de adoração aos Orixás.

Com isso, sabemos, surgem os mais estranhos exotismos ditados por pessoas mal-orientadas. Com a crescente divulgação de revistas e livros sobre os Orixás, suas origens, saudações, está havendo uma nova conscientização. E isso é excelente.

O que é "puro", então? É o conhecimento e o respeito à nação de origem do culto que se está praticando, no Candomblé.

Na Umbanda, apesar dos conceitos centenários oriundos da África, isso não acontece. Muitos dos elementos existentes nos cultos são estranhos às nações africanas, de origem. Vidro, louças nas contas dos Guias, álcool, fumo americano, ervas e a crescente mobilidade no aprendizado umbandista, diferenciam-no do Candomblé, em muito. Tudo teve de ser adaptado aos meios e recursos disponíveis.

Um exemplo a citar é que, ao ler a obra de Olga Gudolle Cacciatore sobre o Orixá Ogum constatei que o mesmo recebia inhame assado em suas oferendas. Curiosa, procurei em vão pelo tal inhame que surgiu, muito recentemente, nos supermercados como produto exótico e caro. Em suma, o inhame não cresce no Rio Grande do Sul. É praticamente desconhecido aqui. E agora? Oferecem outras coisas! É a solução!

O jeito encontrado foi citar, apenas, as oferendas com materiais disponíveis em todos os lugares. Simplificar o máximo possível. Aliás, as oferendas sulistas são bem fáceis de preparar, muito diferentes da sofisticação das receitas baianas, por exemplo. Assim, o material básico mantém-se preparado sem maiores detalhes.

Tentaremos evitar ao máximo o que é sabido e usado apenas no Rio Grande do Sul para não destoar aos demais Estados. Entretanto, desde agora pedindo a sua compreensão para essa dificuldade.

E os Orixás respondem aos pedidos, oferecidos tão simplesmente?

Posso afirmar que sim.

Vemos que o tempero principal é a fé. O amor. O mesmo amor que faz entidades luminares tomarem a forma humilde de um preto-velho, visto de soslaio pelos intelectuais, tentando ter acesso ao pequeno que, sentindo-se à vontade, abre seu coração em confidências que irão mudar sua vida.

Um dia, espero que o amor será a única religião do mundo, como nos diz Miramez.

E haverá festa em Aruanda.

Meu carinho a você. Boa leitura.

A Autora

Porto Alegre, 1993.

Fascículo de nossa autoria com ilustração que deu origem a esse livro e nosso trabalho na Umbanda.

Distribuido em nosso terreiro de origem, aos seus médiuns.

SOCIEDADE ESPÍRITA DE UMBANDA N. SRA. NAVEGANTES

-FUNDADA EM 13.05.1956-

ABC de Umbanda

1993

ABC de Ciência

O que é vibração?

Já ouvimos coisas do tipo: "sinto uma vibração no ar". Para explicar o que é, imagine um pêndulo. Balançando para cá e para lá. Esse movimento especial chama-se oscilação; e o tempo que ele leva para ir e vir, período. Então, tudo o que se move (visível ou não) em um vaivém, como uma onda no mar, subindo e descendo, pode-se dizer que **vibra**, ou seja, move-se continuamente, no mesmo ritmo.

O que é frequência?

Sem conhecê-la, é muito difícil imaginar como conseguimos perceber as cores, entender porque nossa rádio capta uma emissora FM, como chega o canto do passarinho na árvore ao lado. Sabia que tudo isso, na Natureza, são ondinhas no ar, indo e vindo? E que nós podemos perceber (com nossos olhos ou ouvidos) apenas algumas, aliás muito poucas? Sim, somos bastante limitados. Um cachorro, por exemplo, escuta duas vezes mais do que nós. Essas ondas, que vibram da mesma maneira, formam o que chamamos de **frequência**.

O que é campo magnético?

Agora que já aprendeu sobre vibração e frequência, consegue imaginar o nosso ar com milhares, infinitas ondinhas andando para cá e para lá? Só para exemplificar, quantas ondas existem? Umas mais rápidas, outras menos. Umas apresentando maior crista na onda que fazem. Assim existem os raios gama (da explosão atômica), os raios X, a luz visível, o infravermelho dos nossos controles remotos, as micro-ondas que cozinham nossos alimentos, os radares, nossa televisão, celulares, wifi, rádios...

Todas elas criam em torno de si, ao se movimentarem para cá e para lá, algo que chamamos **campo magnético**. Especial em cada uma.

Como acontece o campo magnético?

Imagine um ímã, aqueles que tem em seu refrigerador, grudado em sua porta. Ou atraindo objetos. Esta "atração" existe também no corpo humano (o que os estudiosos chamam de "magnetismo animal", diferente do magnetismo mineral – que existe naturalmente na magnetita (tetróxido de triferro). Ora, já vimos que a onda quando caminha cria em torno de si um campo magnético capaz de atrair determinadas coisas. Essa capacidade de atrair ou repelir é **muito importante para entender o processo de comunicação mediúnica.**

O corpo humano tem realmente magnetismo, ou seja, capta e repele coisas?

Sim, com certeza! Há partes definidas em nossos corpos onde sentimos mais como nossos cabelos, pontas dos dedos. Conseguimos atrair certas ondas vibratórias que a pessoa define, por exemplo, com aquelas célebres frases: "Tenho um arrepio desagradável quando entro lá", "Sinto-me tão bem, como se o ar fosse perfumado". Os médiuns, na verdade, são pessoas capazes de perceber, através de treinamento em ambos os planos (material e espiritual) um **número bem maior de ondas.**

O pensamento é também uma onda?

Sim. O pensamento, ao ser emitido por nossos corpos cheios de magnetismo, forma uma onda. E é captado pelos telepatas ou, se o pensamento for de um desencarnado (espírito de morto) ou mesmo encarnado (vivo) pelo **médium.**

Um médium é um telepata?

A princípio pode ser, mas por captar o pensamento dos mortos é chamado de **médium**. O que me diz dos médiuns que "captam" línguas antigas, ditadas por espíritos, que ninguém mais sabe na atualidade? Ou mensagens sobre como seriam lugares aonde ninguém, nunca o ser humano foi e, mais tarde, comprova-se sua veracidade?

As propriedades magnéticas espalham-se por todo o corpo de igual forma?

Não de igual forma. Há partes em nosso corpo onde concentram-se mais, atraindo ou repelindo (lembram aqui do para-raios?).

Esses lugares chamam-se **polos.** O planeta Terra inteiro e tudo o que nele existe e habita estão envolvidos nesse campo magnético, tendo o Polo Norte e Polo Sul como seus pontos de concentração. Os corpos também têm seus polos (nos lados   esquerdo e direito). Nas fotos Kirlian mostram nossas mãos irradiando, criando esses campos magnéticos e nos chacras (outros pontos magnéticos incríveis onde concentram-se nossas células nervosas). O que seria um médium curador, então? Alguém que com devido adestramento e por características próprias, que detém grande concentração de energia e consegue transmitir, em determinada onda, feixes que acabam curando as mais diferentes doenças do corpo físico e espiritual.

9. Por que alguns médiuns sentem-se fracos ao darem passes?

Há uma lei, na massa magnética, segundo a qual há uma relação matemática entre as forças positiva e negativa. Assim, imagine o doador de passe com nota 10 e o receptor com nota 2. Observe que o segundo está fraco em proporção ao primeiro. Ao receber o passe ele (o mais fraco) ficará com 8. Ou seja, 10 menos 2 são 8. Agora imagine o contrário. O mais fraco com 2 dá um passe no mais forte com 10. Vai ficar com 8 negativo? Devendo forças? Isso explica porque não se deve trabalhar em sessões enfraquecidos, doentes, com magnetismo fraco. Vale também no mecanismo das obsessões e incorporações, para entendermos como acontecem.

10. E no plano espiritual, os espíritos não ajudam nesse caso?

Muitas vezes fornecendo ao mais fraco condições de trabalho. Todavia, quando se torna verdadeira dependência do plano espiritual, o médium pe abandonado para aprender sozinho o verdadeiro sentido de trabalhar como intermediário entre dois planos. Vale dizer que há certas substâncias no corpo humano que, somando-se, são verdadeiras barreiras para a incorporação. Excesso de carnes, álcool, vícios quaisquer e até mesmo chocolates tornam o médium "fraco", desequilibrando seu campo magnético.

11. Então o médium é como um verdadeiro rádio?

Sim, só que transmite e recebe ao mesmo tempo. Os médiuns mais adestrados, ligados ao Plano Astral Superior recebem várias ondas de transmissão como AM e FM, por exemplo. Os médiuns desequilibrados, com magnetismo fraco, só recebem ondas AM. Não conseguem captar e sintonizar ondas vibratórias que chamamos superior.

12. O que é a prece, então?

É a sintonia com uma onda superior. Como mexemos com o dial do rádio na procura de uma estação, através dela conseguimos elevar nossa capacidade de "captar" e "transmitir" na frequência dos Guias.

13. Falou-se em sintonia. O que é isto?

É a capacidade, nem que seja por instantes, de concordância de frequências entre transmissor e receptor. O médium então, através da prece, por horas, minutos ou segundos, consegue alcançar a mesma vibração das ondas de mesma vibração das ondas do pensamentio do Guia ou do espírito comunicante. É um acordo mútuo.

14. E o som, a luz, as cores, são portadoras de frequências?

Tudo. É por isso que usamos certas cores em guias no pescoço, cantamos certos pontos (notas musicais) tentando sintonizar com a faixa vibratória que chamamos Ogum, Xangô, Oxum, etc.

15. As ondas de frequência deslizam em alguma coisa?

Sim. É o que a ciência chama de "éter", os hindus de "prana" e os espíritas de "fluido cósmico universal". É a mistura de todas elas, como o ar seria de todos os gases. É a matéria-prima que forma todos os seres, inclusive os corpos espirituais (perispírito).

16. O que é o Plano Espiritual?

Nossos corpos físicos são adaptados a captar apenas algumas frequências. O que não captamos chamamos vulgarmente de energia. Podemos até sentir seus efeitos, mas não a vemos. Além de energia elétrica há a química, a de radiação, a térmica, a mecânica e a hidráulica. Mas existem outras. Há algumas frequências. Outras cores. Outros sons. Pertenceriam ao que chamamos de Plano Espiritual. Aliás, o que ninguém perceberia ao natural a não ser médiuns.

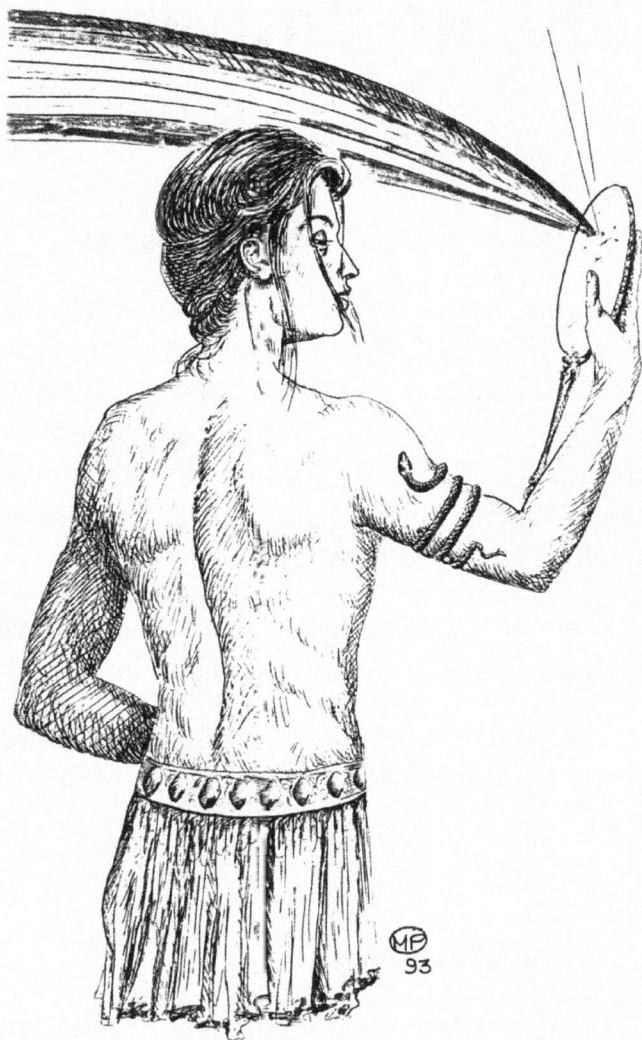

25

ABC de Umbanda

1. O que é um Orixá para a Umbanda?

São divindades africanas diretamente relaciona-
das ao domínio das forças da Natureza. Seriam as falanges específicas que trabalham especializadas em determinado meio como o mar, céus, plantas, etc. Um Orixá é um regente das forças do mundo material (e alguns
do espiritual como o plano dos mortos), sempre sujeitos
a Olorum (Olodumare, Zambi), o Deus Supremo.

Fala-se, também, que seriam antigos governan-
tes africanos tornados deuses após sua morte.

Na África, há em torno de 600 Orixás. No Candomblé, 16. Na Umbanda há seis (mais Yorimá – os Pretos-Velhos).

2. O que é Candomblé?

É uma religião de origem africana com seus rituais
que cultua os Orixás, Voduns e Inkices dependendo das
diferentes Nações que se compõe, a saber: Ketu, Jeje,

Mina-Jeje, Fon, Ijexá, Nagô-Vodun – de origem Sudanesa e Angola, Congo e Muxicongo – os últimos de origem bantu.

3. O que é Nação?

É uma das diversas nações africanas que vieram ao Brasil no tempo da escravidão. Há a chamada Sudanesa (oriundas da Nigéria, Gana, Benin e Togo) que são os Nagô, Jeje, Jeje-Nagô, Mina-Jeje, Muçurumin. Há a Bantu (oriundas de Angola, Congo, Angola-Congo). Pode designar também no Rio Grande do Sul o africanismo local, vulgarmente chamado de Batuque, diferenciado entre si por cinco Nações de origem.

4. O que é Umbanda?

É uma religião brasileira, nascida no Brasil. Foi organizada como conhecemos em 1908 com a mediunidade de Zélio Fernandino de Moraes e o Caboclo das 7 Encruzilhadas. Grosso modo, seria o resultado da mistura do culto congo-angola (misturado com o Nagô), Catolicismo, com noções de Espiritismo, Esoterismo, Pajelança e até mesmo Budismo. A palavra Umbanda vem do Quimbundo (Angola) que quer dizer "Arte de Curar" ou "Magia".

5. O que é Quimbanda?

É a chamada "Esquerda" nos terreiros, formada pelas entidades que vibram fazendo o Bem ou o Mal, conforme sejam invocadas, com suas Leis próprias. Nos terreiros de Umbanda são invocadas unicamente para o Bem, para o desmanche das feitiçarias, importantíssimos nas desobsessões, promovendo o equilíbrio com seus Exus de Lei. Esses Exus e suas falanges estão sob o comando de entidades superiores como os Caboclos e Pretos-Velhos que os disciplinam e limitam. Subdivide-se desde o início em 7 Linhas diferenciadas, conforme Lourenço Braga, discípulo de Zélio Fernandino de Moraes em seu livro *Umbanda (Magia Branca) e Quimbanda (Magia Negra)* de 1942, adotada pela maioria dos autores umbandistas. Eis porque muitas vezes o termo Quimbanda acaba confundindo-se com Magia Negativa e muitos dos nomes utilizados por nossos Exus vão parar em centros de baixo bruxismo por essa natural confusão e analogia. Para outros, a Quimbanda é uma religião ou seita autônoma.

6. O que é um Orixá de Cabeça?

É o mesmo que "Orixá de frente", principal energia do qual é formado um indivíduo. No Brasil, costuma-se dar uma pessoa a dois Orixás, normalmente formando casais (energia feminina e masculina) formando um principal (dito "de cabeça") e o segundo presente em menor percentual (dito "de corpo"). Os demais seriam "as passagens", em pequenas frações e de menor influência. Dessa forma, o "Orixá de Cabeça" corresponde à energia básica, fundamental de um indivíduo, dando-lhe características mais marcantes em sua personalidade e tendências em sua vida. O segundo é também chamado de "Ajuntó", com características mais sutis.

7. Como formam-se esses "casais" de Orixás? Eles combinam entre si?

Diferenciam-se muito de lugar para lugar, sendo vistos no jogo de búzios. Essas combinações variam muito. Quem determinará sempre é o olhador ou o Dirigente de sua casa.

8. O que é a pemba?

Em sua origem, é um calcário extraído da terra, o mesmo que giz africano. É um dos mais importantes ejés (sangue) utilizado pela Umbanda e uma de suas finalidades é riscar os pontos que identificam a Linha vibratória da Entidade. Há as tingidas de diversas cores. A mais comum é a branca, identificada com a Linha de Oxalá.

9. A Umbanda tem Leis? Quais são elas?

Esses são os dez princípios da Umbanda:

1. Crença em um Deus único, onipotente, eterno, incriado, potência geradora de todo o Universo material e espiritual, adorado sob diversos nomes.

2. Crença em entidades superiores, intermediários entre Deus e sua Criação: Orixás, Anjos e Santos que chefiam Falanges.

3. Crença em Guias, em planos médios, mensageiros dos Orixás, Anjos e Santos.

4. Existência da alma e sua sobrevivência após a morte do corpo físico.

5. Prática da Caridade desinteressada, na busca de aliviar o carma coletivo e individual.

6. A existência da Lei do Livre Arbítrio (da livre escolha dos filhos de Deus), pela qual cada um escolherá entre fazer o Bem ou o Mal (tentar burlar as Leis de Deus por ignorância), afinizando com sua faixa vibratória e o ambiente que o cerca.

7. Que o ser humano é a síntese do Universo, nele sendo um microcosmos inteligente sujeito às Leis Universais.

8. Crença na existência de vida inteligente em todo o Universo material e espiritual (em sua forma mais primitiva à angélica), vivendo nele e habitando.

9. Crença na reencarnação, na lei cármica de Causa e Efeito.

10. Direito de liberdade e respeito de todos os seres.

10. O que é reencarnação?

A crença no renascimento do espírito em um novo corpo físico (desde a fecundação do óvulo), em eterno aprimoramento e evolução. Eterno porque perfeito apenas é Deus, alvo que jamais uma alma poderá alcançar (se não haveria infinitos Deuses na Criação). Difere de ressurreição que, por conceito, seria retornar no mesmo corpo físico.

11. O que é a Lei de Causa e Efeito?

Todo o efeito tem uma causa que retorna a nós, na mesma medida. Se fazemos o Bem, retorna o Bem. Se fazemos o Mal ou provocamos o sofrimento, retorna a nós igualmente. Devemos entender que todos somos como ímãs, atraindo por afinidade vibratória. É o popular:

"Colhemos o que plantamos" ou "Dize-me com quem andas que te direi quem és".

12. Já ouvi falar de chacra. O que é isso?

São os locais de concentração de magnetismo (vórtices), onde aglomeram-se os centros nervosos de nosso corpo humano. No corpo físico são chamados chacras (chakras). No corpo perispiritual chamam-se plexos. Tanto um, quanto outro de fato é a mesma coisa.

13. O que são as ditas Linhas Auxiliares?

Chamamos assim aquelas linhas que não pertencem originalmente às 7 Linhas de Umbanda, mas são convidadas por elas para participarem dos trabalhos, ingressando (e sujeitando-se) em uma delas. Normalmente são espíritos com reencarnações mais recentes. Os Marinheiros e as Caboclas de Água (Ondinas) atuam na Linha de Iemanjá, como ativos auxiliares nos tratamentos de purificação, tais como vícios de qualquer espécie. Os Baianos são elos de ligação dos Guias na Terra. Os Boiadeiros cuidam da harmonia entre os médiuns durante os trabalhos. Os Exus, vistos pela ótica da Umbanda, também são uma Linha Auxiliar trabalhando sujeitos aos Caboclos e Pretos-Velhos, conforme a orientação do terreiro. Poderão ou não receberam uma Gira (Sessão Pública) no terreiro para auxílio.

14. O que são os Boiadeiros?

São entidades responsáveis pelo bom andamento dos trabalhos (ronda) e por tornar o grupo mediúnico harmonizado. Sujeitam-se aos Caboclos.

15. Para o quê serve o Ponto Riscado?

O ponto riscado identifica a origem, subordinação e domínio que governa uma entidade. Serve também para completar uma "firmação" da entidade em uma Gira, uma proteção ou fechamento de campo vibratório. É riscado com a pemba.

16. Um Orixá é uma entidade?

Um Orixá é o conjunto de energias de um elemento primordial no campo físico ou espiritual (material podemos falar as energias dos mares. Espiritual o Mundo dos Mortos). Na África essas energias foram endeusadas por antigos reis e rainhas africanos que passaram a ser seus representantes na Terra (Xangô, Iansã, etc). Na

Umbanda existem entidades (falangeiros) que trabalham com essas energias e a representam, subdivididos em 7 grandes Linhas.

17. Existem proibições alimentares a filhos do mesmo Orixá ("Santo")?

Por uma questão de formação básica dos corpos, de afinidade das entidades, as proibições existem. Daí os africanos criarem as muitas lendas no Candomblé. Os filhos de Oxalá, tenhamos visto, têm verdadeira indigestão no consumo do azeite de dendê. As entidades ditas do Oriente advertem quando seus médiuns ingerem carnes vermelhas e alimentos picantes em seus médiuns, sob a alegação de excesso de "fluidos pesados" que ficariam estagnados no corpo físico, sendo necessárias verdadeiras limpezas espirituais prévias, muitas vezes impossibilitando uma boa incorporação.

18. Umbanda é uma religião cristã?

À medida que se prega o Evangelho do Cristo e é praticada a Caridade nos mesmos moldes, podemos dizer que sim. Jesus ocupa seu lugar como Filho de Deus, divino Governador do Planeta Terra e coordenador de todas as Falanges de Umbanda, sincretizado na figura de Oxalá.

19. O que são Quiumbas?

Seriam os espíritos de vivos (reencarnados) e mortos sem luz, resumidamente, ainda ignorantes das Leis Divinas de amor e harmonia universais. São escravizados pelos piores sentimentos de ódio, revolta, remorso, crueldade. São as levas de obsessores existentes, induzindo ideias maléficas, muitos deles fingindo serem espíritos de luz usando nomes sagrados como os de nossos Exus, Devas, Santos e até Deus. São os verdadeiros executantes da magia negra (leia-se magia negativa) e os vampiros do astral.

20. E os mortos? Servem para o quê?

Além dos necessitados de esclarecimento e tratamento (quiumbas), podem se tornar um Guia, um Exu, Auxiliar ou Anjos, de acordo com sua elevação espiritual. Chamamos os mortos, de um modo geral, Eguns.

21. O que é Amaci?

Reforço magnético de suporte às incorporações (chacra coronário), banho purificatório na cabeça, feito com folhas, flores, mel, dendê, perfumes e outros conforme a orientação dos Guias de um terreiro. Auxilia a "assentar" (harmonizar) as energias de quem as recebe.

22. O que é amuleto e talismã? Funcionam?

Ambos nada mais são do que um objeto magnetizado, criado para um determinado fim. O amuleto servirá para defesa, afastando fluidos pesados que poderiam prejudicar uma pessoa. Como exemplos podem ser medalhas, figuras, imagens de diversos materiais, inscrições, fluidos em uma escala quase infinita. Já o talismã serve para atrair bons fluidos.

O patuá (tão popular) poderá ser feito como amuleto ou talismã, feito com diversos materiais, preparado e costurado em saquinhos, pacotinhos de papel, etc.

23. O que é a Aruanda?

Lugar onde permanecem e reúnem-se os Orixás e entidades superiores, bem como espíritos que já apresentam alguma evolução. No catolicismo é chamado de Céu. No Espiritismo são as Colônias Espirituais.

24. O que é uma oferenda?

Funcionaria como um reenergizador de boas energias ou um condutor de energias doentias, saturando-se para longe do beneficiado. Na Umbanda trabalha-se com os quatro elementos da Natureza: água, fogo, terra e ar, manejados convenientemente por sacerdotes e Entidades promovendo o reequilíbrio, o descarrego, a harmonização. Essas oferendas são feitas de materiais observados pela sua eficácia por milhares de anos pelos africanos e outras civilizações, cuja combinação é uma delicada tarefa a ser aprendida por anos pelos iniciados.

25. Existe o feitiço maléfico?

Infelizmente, sim. São trabalhos feitos com fins de prejuízo, manipulados por feiticeiros ligados à Magia Negativa e seus Orientadores. São perfeitamente compreensíveis a um iniciado, sob o ponto de vista magnético. A tarefa da Umbanda é desmanchá-los, respeitando as questões cármicas e de justiça ditadas pelo Astral Superior.

26. Pode-se evitar o feitiço maléfico?

Já vimos no conceito de Magnetismo que, dependendo da sintonia que vibre cada um, pode-se assimilar o feitiço ou não. Nesses casos, quando a pessoa tem "um santo forte", ou seja, vibra em frequência mais elevada, a onda do mal emitida tende a ricochetear, podendo retornar a quem emitiu. Quem já não ouviu que " o feitiço voltou ao feiticeiro", resumindo que o Mal feito retornou a quem desejou?

27. Qual o valor das palavras na Umbanda?

A palavra, no Antigo Egito, era sinônimo de Criação. Tanto é verdade que uma palavra exprime uma ideia. Uma ideia, um pensamento. E um pensamento é uma onda emitida por nós dando uma forma (modelando) à matéria espiritual e física. Há palavras (e sons) que exprimem complexos sentimentos carregados de amor, nos trabalhos de Umbanda. São os conhecidos mantras, na Índia e o poder da palavra Om como reenergizador de todos os chacras no Yoga.

28. O que é um ritual?

É um processo gradativo, onde poderemos utilizar acessórios, os mais diferentes possíveis, até que o clímax desejado.

29. Existe maldição ou praga?

Seria a mesma explicação dada na questão 27. As famosas "pragas de mãe" e "madrinha" nada mais são que palavras emitidas com poderoso influxo magnético acolhidas e realimentadas por quem as recebe, em baixo padrão vibratório. Como todas as coisas já vistas, o que pode repelir todas as coisas dirigidas ao mal é a elevação do pensamento, do teor vibratório, rechaçando por não afinidade magnética.

30. Há nomes (palavras) que não devem ser ditas na Umbanda?

No Candomblé existem algumas proibições (como o nome Xapanã, por exemplo). No Sul do país, ao contrário, o nome Xapanã é o mais conhecido e o menos são Omulu e Obaluaiê. Lembremos que cada letra possui um som. Cada som produz uma frequência. A soma das letras produz um nome que poderá, ou não, materializar uma ideia e uma melodia harmoniosa do ponto de vista espiritual. Todavia, antes de mais nada, não produz efeitos desastrosos se comparados ao teor de pensamento que exprime a palavra.

31. Por que é tão comum colocar-se, na magia negativa, objetos dentro de colchões, travesseiros, cobertas ou escondidos dentro das casas?

No primeiro caso, na tentativa do objeto magnetizado ficar o maior tempo possível em contato com a pessoa visada. No segundo, para continuar irradiando o maior tempo possível sem ser descoberto no ambiente.

32. O pensamento tem cor?

Por incrível que pareça, sim. Segundo Ramatis: "A qualidade do pensamento determina-lhe a cor; a natureza do pensamento compõe-lhe a forma; e a precisão do pensamento determina-lhe a configuração exata." (Em *Magia de Redenção*, página 64 citado na Bibliografia). Dependendo da intensidade do mesmo, podem-se criar as conhecidas *formas-pensamento*, criações estas com volume, cor, som, verdadeiros marionetes espirituais de quem os criou. Na maioria das vezes, exprimem o verdadeiro interior de cada um, visíveis pelos Guias que as analisam. São percebidas pelos médiuns videntes também e muitas vezes confundidas com entidades.

33. Por que é tão comum despachar-se objetos em água corrente?

Sabemos que a água é um dos mais poderosos elementos da Natureza, no que se refere a sua capacidade de excelente condutor de eletricidade e fluidos quaisquer, sendo um poderoso solvente. Ao atirar-se o objeto saturado, a água de imediato absorve este teor magnético, levando-o para longe do enfeitiçado (ou daquele que quer desvincular-se de objetos imantados). Assim, ela quebra os vínculos que antes existiam, por proximidade ou assimilação do seu possuidor.

34. E água fluida?

É digna de um livro sobre o assunto, tal sua complexidade e utilização. Já vimos que a água é um solvente magnífico, por sua formação molecular e magnética de elevado poder. É usado amplamente pelos Marinheiros no tratamento de perturbações psíquicas e vícios. A água fluida nada mais é do que um veículo preparado com elementos espirituais e da Natureza, saturada por hábeis manipuladores do astral com fins terapêuticos. Pessoalmente, já tivemos a oportunidade de acompanhar os trabalhos de um Preto Velho que, preparando garrafas de água fluida, foi capaz de curar indivíduos minados de vícios de toda a espécie.

35. E o Sol? Por que há trabalhos antes e depois do entardecer?

A vida terrestre gira em torno do Sol. Sua radiação magnética de calor e luz são conhecidas (ionização). As de caráter espiritual, muito pouco. São nesses horários antes e depois do pôr do sol que observamos a maior intensidade de raios infravermelhos (verdes, no plano espiritual) capazes de dissolver, especialmente, as formas nocivas de trabalhos dirigidos ao Mal.

36. Por que utilizam-se unhas e cabelos da vítima em trabalhos?

São os conhecidos "endereços vibratórios", tão citados em obras. Por trazerem em si idêntico magnetismo da pessoa visada servem, no plano espiritual, como verdadeiro roteiro para encontrá-la. Um exemplo são os médiuns de psicometria que, tocando objetos de uma pessoa, são capazes de localizá-las (quando vítimas, locais) ou descrevem o portador com detalhes, o que fazia ou sentia.

37. E as benzeduras?

Nada mais são do que passes magnéticos. Nossos Pretos-Velhos e Benzedeiras são eficazes, assim como nossos índios. Utilizam-se de metais (tesouras, facas, excelentes condutores de eletricidade), água, ervas, saliva, etc. Tudo como condutores desse magnetismo curativo.

38. E os quebrantos? O olho grande ou olho gordo?

Funcionam similar às pragas. Há pessoas que por possuírem baixo teor magnético e espiritual, emitem (algumas sem desejar) poderosos feixes de caráter nocivo, capazes de matar plantas, animais ou causar mal-estar em pessoas. Desde criança ouvimos uma história de um galo muito bonito, vítima desse tipo de enfeitiçamento mental/verbal, morto imediatamente após ter sido emitido pela pessoa que "o admirou".

39. E as figas, cruzes, elefantes de gesso e outros objetos?

Objetos os mais variados possíveis em todo o mundo, tornam-se populares como "quebradores de olho grande ou olho gordo". Ao serem colocados em locais visíveis, alguns preparados para dissolverem descargas negativas, são a primeira coisa a ser vista por aqueles portadores desse tipo de magnetismo pesado recebendo, em primeiro lugar, a descarga do mesmo. Ou seja, viram objetos de "descarrego" (como um para-raios), de limpeza, absorvendo ou dissolvendo tais vibrações na entrada das residências.

Todos esses objetos e práticas auxiliam muito como paliativos, no teor magnético existente nas casas. Todavia, o mais importante é o tipo de ambiente que é criado pelas mentes que ali habitam. Se não, tornam-se inúteis ou de muito baixa influência.

40. Por que pintamos as figas de vermelho e outros objetos?

Isso acontece na cultura popular e na própria Umbanda. Na escala de cores, cada qual possui uma frequência específica. O vermelho, entre as cores visíveis por nossos olhos, possui a mais baixa, de teor mais pesado em comparação com as demais. As entidades das zonas umbralinas (do "inferno", como são chamadas essas regiões no plano astral por outras religiões), costumam vestir-se de vermelho, cor enervante, sanguínea, que exprime as paixões inferiores, como nos cita André Luiz na obra *Libertação*. A Ciência tenta explicar essa "atração" que nossos olhos têm por essa cor por "ter em nosso DNA a busca de frutos maduros na paisagem" por milênios.

Dentre as cores, se misturadas, é a que primeiro chama a atenção, tal qual um perfume forte. Daí ser escolhida para trabalhos ou usada pelas entidades que se utilizam dos fluidos mais pesados como vestuário, na espiritualidade.

41. E os objetos de cera? E as velas?

Usada na magia desde a Antiguidade, a cera natural, vinda das abelhas, é impregnada de fluidos existentes nas flores, em grande quantidade. Este elemento, vindo da Natureza, é utilizado na prática do Bem e do Mal como matéria-prima poderosa para se somar com os teores dos pensamentos, tornando eficaz o trabalho e o objetivo ao qual se propõe. Comparada a uma bateria, uma pilha natural, a cera sempre foi utilizada em larga escala na magia.

42. E a vela?

É considerada, na espiritualidade, como a mais completa oferenda que podemos ofertar que, em sua formação, tem os quatro elementos da Natureza ativos, depreendendo energia. O fogo na chama, a terra através da cera ou parafina, a água através de sua diluição, o ar aquecido queimando resíduos espirituais. O umbandista não deve retirar nada da Natureza sem deixar algo em troca, ao menos uma singela vela para repor as energias dali retiradas (obviamente essa vela pode ser acesa na segurança de um congá ou posta com extremo cuidado para evitar-se um incêndio). Tudo em profundo respeito à Criação Divina.

43. E os elementais?

Sem eles a Umbanda não existiria. São entidades muito primárias, quase infantis vistas do ponto espiritual, sempre dirigidas por entidades superiores, habitando os quatro elementos. São conhecidos por várias civilizações, culturas e nomes.

Todos participam dos trabalhos umbandistas como auxiliares valiosos. Nas outras religiões e doutrinas muitas vezes em discreto anonimato, dirigidos pelos espíritos de luz.

44. E os elementares?

São diferentes dos elementais, embora sejam entidades muito primitivas, algumas em situação intermediária entre o homem e o animal. Dirigidos por entidades, colaboram na limpeza, na guarda, tomando formas as mais variadas possíveis. São colaboradores de nossos Exus e Boiadeiros, principalmente. Descritos na obra *Nosso Lar* de André Luiz como cães e aves, nos trabalhos de redenção.

45. E a aura humana?

Sem ela fica muito difícil compreender a origem das energias existentes no magnetismo humano, principal responsável nos fenômenos do mau olhado, do passe, na imantação dos objetos. É resultante da mistura e união das energias caloríficas e luminosas do Sol, dos minerais subterrâneos, da radiação atômica na Natureza, da água ingerida e da assimilação de energias de outros corpos, tais como plantas, animais e o próprio homem. Irradia, em torno do corpo físico, uma luminosidade que, pela análise de cor, varia do tom mais brilhante no duplo etéreo (períspirito, Ba eg´pcio, duplo, etc), que é o elo de ligação semimaterial do espírito ao corpo físico. Pelo teor dos pensamentos e sentimentos do espírito, varia dos tons azulados e dourados mais sublimes, aos tons avermelhados e escuros, das paixões inferiores e doenças espirituais. O tamanho da aura do duplo etéreo varia em proporção ao grau de elevação espiritual do indivíduo.

46. E as crendices?

Onde há fumaça, há fogo, diz o dito popular. Há crendices verdadeiras e falsas. Quando dizem que determinada atitude é correta, deve-se analisar os fundamentos do ponto de vista científico e espiritual. Ou seja, devem ser analisadas friamente, sem serem repetidas, mecanicamente, sem discussão prévia. Certa vez ouvi que determinada imagem, dentro de casa, produziria frigidez feminina e coisas do gênero. Já falamos repetidamente que o que vale são os pensamentos e a magnetização dos objetos. Como foi comprovado mais tarde, a dita imagem nunca produziu nada de negativo, muito pelo contrário. São coisas assim, sem sentido algum, que devem ser descartadas.

47. Por que se fala tanto de arruda, guiné e outras ervas?

São ervas que, pela utilização popular e orientação espiritual de entidades e benzedeiras, ficaram muito conhecidas pelo seu destaque dentre todas, para os mais diferentes fins. As ervas ao crescerem, absorvem as radiações do Sol, da Lua, dos minérios, enfim, de toda a Natureza e dos elementos espirituais, à semelhança da aura humana. Por exemplo, a arruda é conhecida por murchar e secar em casas, terrenos ou regiões onde há abundância de fluidos danosos. Um verdadeiro termômetro da Natureza.

48. E defumação?

Nada mais é do que plantas que, com todo o seu potencial magnético absorvido da Natureza, sendo queimada e suas emanações dirigidas por entidades encarregadas da purificação de ambientes, diluiriam fluidos pesados ou atrairiam boas vibrações. Usam-se desde a tradicional arruda ou outras ervas, cascas de alho e cebola, açúcar, resinas aromáticas dentre muitos itens.

49. Por que incorporar Exu ou Pombagira?

É comum ouvir-se frases do tipo "devemos deixar vir o Povo de Rua para desamarrar a vida" e tantas outras. Ao incorporar um Elebara (Exu ou Pombagira), o médium acaba assimilando seus ensinamentos (consciente ou inconscientemente) modificando de forma positiva sua vida. Por aproximar-se de nós (pela assimilação magnética) os Exus ou Elebaras costumam carrear excessos de fluidos pesados, levando-os para longe de seus médiuns. Desse modo, ao incorporarem, em franca operação de limpeza fluídica, aliviam processos que trariam no futuro graves consequências. Por isso, podemos afirmar que minimizam, reduzem, aliviam caminhos que levariam a acidentes, doenças, criando novas convicções de boa conduta e caráter. São eles os verdadeiros faxineiros do astral e nossos mais preciosos amigos.

Devido deu caráter zombeteiro e brincalhão, alguns parecendo um tanto indisciplinados, sempre foram vistos de soslaio pelas casas ditas "não cruzadas", "não traçadas", de Linha Branca onde não haveria giras públicas com eles (isso já está mudando, inclusive havendo permissão especial na Tenda Espírita São Jorge, fundada pelo Caboclo das 7 Encruzilhadas). Para evitar-se qualquer dúvida sobre eles e sua natureza superior, basta observar o conteúdo elevado de suas mensagens, seu comportamento dentro das normas do respeito social, o cumprimento de promessas de conteúdo ético, o aval dos Guias Superiores a eles, conduta geral da casa e do grupo mediúnico, naqueles parâmetros do bom senso, do equilíbrio, da Caridade cristã.

Infelizmente, há muitos lugares dizendo-se centros de Umbanda e Quimbanda dando lugar a quiumbas e mistificadores, facilmente identificados por não cumprirem os requisitos acima. Mas isso é um outro assunto.

50. Ouve-se muito falar nas fases da Lua propícias a trabalhos. No que se fundamenta?

A ação eletromagnética da Lua é conhecida desde a mais remota antiguidade nos fenômenos das marés, na germinação e crescimento das plantas, na poda das plantações, na fecundação dos seres, nas alterações de humor e um sem-número de fenômenos. Já que se trata de trabalhos, com fins quaisquer, é natural que se escolham dias em que a força eletromagnética da Terra, sob a influência lunar, crie um ambiente mais propício ao crescimento, ou não, do teor mgnético mocivo ou benigno desses mesmos trabalhos.

51. Afinal, qual a diferença entre Exu e Quiumba?

Os quiumbas são malfeitores do Astral, avessos ao Bem e altamente perturbadores. Há concordância em vários autores afirmando que são eles os autores dos trabalhos destinados ao Mal. São os costumeiros "encostos" ou "rabos de encruza". Fazem-nos pensar que muitos quiumbas mistificam fingindo, em casas desatentas, serem Exus ou até mesmo Orixás, com fins de alcançarem seus objetivos.

Os Exus, não. São eles que desmancham os trabalhos de magia negra, transportando magneticamente as mazelas, as dores e doenças físicas e espirituais, aliviando carmas. Alguns Exus, por estarem ainda no início da evolução, como trabalhadores do Bem, necessitando orientação e doutrina, tanto pelo médium como pelos diretores dos trabalhos (cacique, chefe ou babalorixá) e devem ser colocados na disciplina da casa. Daí temos os Exus orientados ("batizados", "de Lei"), que não pedem sacrifícios, com oferendas mais simples e aqueles que não tiveram uma colocação correta, que se acostumam com extravagâncias e exigências repletas de vaidades humanas.

52. Por que os Exus aparecem nas imagens com formas tão assustadoras?

Foi-nos explicado em uma consulta com entidades de sua Linha. Os Exus costumam tomar tais formas (roupagem fluídica) como meio de impor respeito e medo a espíritos inferiores (quiumbas) e, desta forma, facilitar o controle e a vigilância que obtêm sobre estas mentes vinculadas ao mal, para que não perturbem trabalhos ou até mesmo lares e certos locais.

53. O que é a Umbanda de Branco, Umbanda Branca ou de Cáritas?

Na verdade, a Umbanda varia infinitamente, de casa para casa. Mas a Umbanda Branca mais tradicional recusam-se a trabalhar com giras públicas de Exu por considerá-los indisciplinados, pela ausência de sacrifício animal. A Linha de Esquerda (Exus) só chega a portas fechadas para limpeza fluídica, longe do público. Nela há as Sete Linhas tradicionais, governadas por Orixás, Yorimá (Pretos-Velhos) e Yori (Crianças). Eventualmente (e conforme orientação de seus Guias) haverá trabalhos externos em mar, cachoeira e mata. Nela, sob hipótese alguma, são feitos trabalhos dirigidos à magia negativa.

54. O que é Umbanda Cruzada?

Na década de 70 havia clara distinção entre Umbanda Branca e Umbanda Cruzada, onde havia sessões à Linha da Esquerda em seu cronograma. Para outros é a presença de outras religiões feitas em dias separados junto com a Umbanda.

Cultuam de dez a doze Orixás, dependendo de sua origem (nação africana). Nela há dias onde os Orixás "descem" e em outros Caboclos, Pretos-Velhos e Exus. Pela influência africana, fazem sacrifícios com sangue animal e oferendas com muito mais elementos do que a Umbanda Branca. Nela é comum o jogo de búzios e rituais mesclados ao Candomblé ou Nação/Batuque Sulino, feitos pelo "pai" ou "mãe-de-santo" (não chamado de dirigente ou cacique, como na Umbanda tradicional). O vestuário diferencia-se dos tradicionais jalecos e guarda-pós brancos e passam a ser coloridos e elaborados, há toque de instrumentos (as casas de Umbanda mais antigas não tinham tambor) e seus preceitos incluem as tradicionais cuizilas e proibições muito próximas ao que conhecemos no Candomblé (inclusive alimentares).

55. O que é Quimbanda?

Podemos definir como casas (terreiros) liderados por Exu. Nelas poderão vir (ou não) Caboclos, Pretos-Velhos e Crianças em eventuais sessões ou festividades apenas. Nelas há sacrifício animal e pode haver a prática da magia negativa, destinada ao Bem ou ao Mal conforme a necessidade do solicitante. Tem suas leis e ética próprias.

Atualmente já existe a Kiumbanda (liderada por Quiumbas) que foge sobremaneira a qualquer princípio da Umbanda e Quimbanda, algumas mais próximas a seitas particulares do que propriamente uma religião.

ABC dos Orixás

EXU (ELEBARAS)

Na Linha do Orixá Exu trabalham os Exus ou Elebaras ("donos do poder"). São formados pelos Exus (entidades que se manifestam como homens) e Pombagiras ou Bombogiras (como mulheres). São brincalhões, atrevidos e até malcriados, mas jamais irresponsáveis, sendo muito temidos por seu poder e pela execução da cobrança que executam em nome dos Guias e Orixás.

Aglomeram-se no que a Umbanda Branca chama de Linha da Esquerda, responsáveis pelo bom andamento dos trabalhos mesmo que não incorporem junto ao público, nesse caso.

É Exu o policial, o executante das ordens de todos os Orixás no plano mais terrestre, mais denso. É o mensageiro, o que entra e sai das zonas umbralinas sem temor, assumindo forças perispirituais ameaçadoras para se fazer respeitar. Sem eles, a força dos Orixás não atuaria no mundo, pois ele é o operário incansável. Temido por não admitir a desobediência, é ele quem aplica as diretrizes, fazendo cumprir a lei de causa e efeito. Desmancham a magia negativa, sob os comandos superiores e negociam libertações com as Trevas, quando necessário. Mesmo punindo, e havendo mérito, Exu cura, concede benesses para que alcancemos nossos objetivos. São os faxineiros do astral, já que purificam ambientes e pessoas. É comum ver-se suas legiões preocupadas em alertar contra males, jamais trabalhando contra a lei divina cármica e de amor.

SEUS FILHOS

Exu na Umbanda (Elebaras) não controla oris (cabeças). Mas o Orixá (no Candomblé e africanismo), sim.

É do Orixá que haveremos de falar aquí.

Os filhos de Exu têm imenso, amplo sorriso. Têm sempre uma observação matreira, uma lorota para todos darem boas gargalhadas. Ou expor o defeito alheio, sem nenhuma piedade. Não se preocupam com o Bem ou o Mal, querem apenas viver e se divertir. Se alguma coisa os desagrada, não temem ser violentos usando de todos os truques que aprenderam em sua atribulada vida. Sempre criando confusões, são boêmios, amam o sexo e são sempre muito sedutores em suas conquistas.

OFERENDAS

As oferendas a Exu na Umbanda são muito variáveis, de acordo com as orientações de cada Elebara. Mas normalmente, se Exu masculino e nas encruzilhadas abertas, aceita cachaça, charutos, pipoca sem sal, farofa de dendê, pimentas. Se Pombagira, muitas apreciam champanhas, espumantes*, licores, doces, cigarros ou cigarrilhas (algumas gostam de charutos), mel ou dendê, pipocas sem sal, frutas, chocolates, bijuterias. Sua vela pode ser branca (aceita por toda e qualquer entidade) ou normalmente bicolor preta e vermelha (em número de 7 unidades) nas segundas-feiras.

Como flores poderão ser oferecidos cravos vermelhos e às pombagiras as rosas vermelhas, sem espinhos. Como frutas as laranjas azedas, frutas de polpa vermelha como as amoras, cachos de mamona (carrapateiro), o dendê e seu azeite. Alguns aceitam mel.

Seu sincretismo é Santo Antônio de Pádua, São Pedro.

O número de itens sempre será 7 e seus múltiplos.

* filtrados, sidras.

OGUM

Sem sua energia, a civilização morreria. É Ogum quem domina o campo do desenvolvimento, aperfeiçoamento das técnicas, a tecnologia. Com o manejo dos metais, traz o progresso material. É ele o governante dos impulsos de iniciar todas as coisas, impelindo nas descobertas e conquistas.

Na defesa dos povos e lares, suas falanges lutam contra as investidas das Trevas. Temido por sua ferocidade, amado pelo carinho que dispensa a seus fiéis.

Possui muita afinidade com o Orixá Exu, por rondarem os mundos; por serem suas falanges os cobradores do carma de cada indivíduo. Também assemelham-se por estarem próximos dos locaisonde se percebe maior concentração de suas forças: a Exu, as encruzilhadas; a Ogum, as estradas. Com Oxóssi (Odé), divide o controle das matas, sendo que muitos Caboclos lhe pertencem.

SEUS FILHOS

Os filhos do Orixá tendem a ser magros, rosto alongado, olhar penetrante. Seus filhos costumam ser implicantes, impertinentes, de súbitas explosões de raiva, parecendo que estão sempre "comprando briga" à sua volta. As bebidas e a boemia lhes fascinam, bem como os filhos de Exu. Ambos são inconstantes nos amores, possuindo grande sedução: No trabalho são hábeis, rápidos e muito honrados nos compromissos que assumem.

OFERENDAS

Nas quintas-feiras (alguns dão às terças), sob a sombra de uma árvore, próxima a uma estrada de terra, oferecem-lhe um prato de feijão torrado ou feijoada. No Sul, dão-lhe um pedaço de costela bovina assada, com farinha de mandioca. Ao lado brilhará uma vela tricolor (verde, vermelha e branca), verde e vermelha, verde e branca, vermelha ou azul profundo.

Sua flor é o cravo vermelho, sua bebida favorita é a cerveja branca em temperatura ambiente (nunca oferecida bebida gelada aos Orixás e Guias). Como frutas aceita laranjas comum, marmelo, limão e manga. Seu número de itens é 7 e seus múltiplos.

É representado por São Jorge ou Santo Antônio, conforme a região do país.

OXÓSSI (ODÉ)

Associado à Ossãe, Otim e todos os Orixás das matas e campos agrícolas, Oxóssi na Umbanda domina todos os recursos verdes do mundo. Comanda as plantações agrícolas, os remédios (folhas medicinais), a Medicina, o tempo exterior através das estações do ano.

Suas entidades participam das atividades de cura, cirurgias, extraindo os sutis recursos da Natureza, vitais no extermínio dos males físicos e espirituais. Congrega em si os doutrinadores e evangelizadores, "caçando" almas desviadas no erro e trazendo ao esclarecimento. Juntamente com a Linha de Ogum, são profundos conhecedores dos segredos das matas e caminhos que levam ao conhecimento dos remédios e curas, sendo ferozes guardiães de terreiros e residências contra a invasão espiritual de espíritos imperfeitos.

É Oxóssi quem traz o alimento à mesa de cada um, auxiliando na procura de trabalhos para a sobrevivência. Muito ligado a Ogum e o Orixá Bará.

SEUS FILHOS

O ar esquivo, tímido dos filhos do Orixá é inconfundível. São doces, ingênuos, muitos amorenados com ar de caboclo. Outros possuem como características físicas o ar longilínio, jovial e ágil. São frios e calmos e, se porventura não forem belos, coisa rara de acontecer, seu charme de aparência distante torna-os cativantes. Para eles, solidão não é incômodo. O silêncio que tanto procuram os fazem intelectuais, curiosos, artistas ou atletas. São muito francos e de modos simples, daí detestarem reuniões onde rola a frivolidade. São modestos nas qualidades que possuem.

OFERENDAS

Todos os frutos da terra pertencem ao Orixá Oxóssi e seus Caboclos. Servem-lhe morangas cozidas ou assadas, abóboras, milho cozidos, charutos e fumo em rolo, vinhos tintos entregues em matas ou sob a sombra de uma frondosa árvore, em ambiente calmo. Sendo o javali sua caça favorita, é comum oferecer-lhe bifes de carne de porco com mel ou dendê. Sua vela é verde e seu número de itens é 7 e seus múltiplos.
Seu sincretismo é com São Sebastião ou (na Bahia) com São Jorge.

XAPANÃ

No Candomblé o nome Xapanã é impronunciável, contendo em si todas as doenças que o Orixá traz consigo. No Sul do país, assim é chamado Omulu/Obaluaiê. Suas falanges atuam nos cemitérios, na morte e na transformação da matéria. Xapanã desperta medo por sua forma misteriosa, sob as palhas da cabeça aos pés, nas imagens do Candomblé. É um dos mais importantes Orixás cultuados na Umbanda.

É invocado como médico dos pobres pois, além de causar todas as doenças e epidemias, também pode curar, sem distinção de nenhuma. Suas falanges atuam no acompanhamento do desencarne de todos os seres vivos e no controle dos fluxos dos fluidos densos vindos dos cemitérios e nas regiões pantanosas (através de sua mãe, Nanã), com fins curativos, purificatórios ou na cobrança de carmas dos indivíduos através das moléstias.

SEUS FILHOS

Os filhos do Orixá Omulu/Obaluaiê trazem consigo o pessimismo. Não são necessariamente belos, nem sensuais, mas possuem uma mente privilegiada. Desde cedo traz um sentimento de rejeição inexplicável, acompanhado de melancolia, tornando-os tristes, desconfiados e frios. Se conquistados em seu afeto (coisa bastante difícil), são extremamente leais, honestos e amáveis. Possuem doenças de pele, desde acne excessiva a outras cicatrizes vindas da infância. Alguns têm facilidade em machucar as pernas. Seus rostos parecem desprovidos de rubor, com tendência à palidez.

OFERENDAS

Na Umbanda, esse Orixá e seus Caboclos aceitam oferendas em encruzilhadas ou próximas aos cemitérios, com Exu. São oferendas destinadas a cura de males físicos e espirituais, consistindo de pipocas sem sal (sua comida predileta), feijão preto ou milho cozido ou torrado e outros, opcionalmente (quando muito necessário) um bife pequeno de carne bovina. Sua vela poderá ser bicolor preta e vermelha, preta e branca ou roxa sempre em número de 7 e seus múltiplos.

Suas frutas são as ameixas pretas, o maracujá, jabuticaba, figo preto e outras.

Sincretiza-se com vários santos como São Lázaro, São Roque, Nosso Senhor dos Passos.

XANGÔ

Justiça. Toda a sua força pode ser resumida nessa palavra. É o grande rei de Oyó, senhor dos trovões, raios, partilha o fogo com Exu e Iansã, essa última sua grande rainha. É a ele que os ofendidos, os humilhados, recorrem em busca de reparo. Seu domínio se estende a todas as atividades intelectuais, filosóficas ou científicas, já que domina a escrita e a fala. Promove o desenvolvimento da cultura, da aplicação das leis, do poder como gerador do progresso, daí sempre ser associado à figura do rei inabalável, doador do trabalho e das atribuições que cada um tem no mundo. Divide com Ogum as demandas judiciais que nascem de sua sabedoria e da força de vencer do segundo. Aqueles que procuram descobrir a verdade recorrem a Xangô. É ele quem faz a melhora nos estudos e a capacidade de exprimir as ideias através das palavras. Favorece as promoções e a procura do trabalho, os concursos e as provas escolares. Nos casos de calúnia e falsidade faz justiça, estendendo sua atuação às associações humanas de toda a espécie.

É o senhor dos raios, do fogo, dos trovões e dos vulcões, cujo símbolo é o oxó (o machado duplo).

SEUS FILHOS

Parecem príncipes. Altivos, passando por arrogantes. No físico são atarracados, baixos, famosos pelas testas altas e olhar franco. São ciumentos e possessivos naquilo que conquistam. Nunca lhes faltam recursos para viver e será raro ver-se um filho desse Orixá na miséria. São ousados, persuasivos, irresistíveis pela sua retidão de caráter e facilidade de expressão. Não são preguiçosos, mas gostam da vida onde será exigido menor esforço. Adoram tudo o que é bom na vida: boas comidas, roupas e acessórios. Xangô é um Orixá exigente, cobrando com dureza seus filhos quando descumprem ou erram.

OFERENDAS

Sua comida preferida é o amalá, em todo o Brasil, preparado com os mais diferentes materiais: principalmente o angu de farinha de mandioca ou quiabo, dendê, frutas (no Sul dão-lhe banana prata) e outros elementos. Nunca lhe é dado mel ("a justiça não deve ser adoçada, mas cumprida", podendo a ser uma quizila ao Orixá). Sua oferenda deve ser muito bem decorada e temperada com capricho, entregue em gamelas de madeira, sobre folhas de bananeira, em cima de pedras na Natureza. Ao lado deve brilhar uma vela marrom, charutos, com uma cerveja preta, sempre em 6 itens ou 12.

Associado à Oxum, Obá e Iansã, seu sincretismo é com São Jerônimo (por trazer livros e ao lado um leão, símbolo na realeza na África), São João Batista (Xangô Caô), São Miguel Arcanjo (por trazer uma balança nas mãos, símbolo de justiça).

IANSÃ

Mesmo que não seja uma das 7 Linhas da Umbanda, Iansã é extremamente cultuada, agregando-se às fileiras de Iemanjá (como todas as Iabás, Orixás femininos). Em outras religiões, é conhecida como Oiá.

A força de Xangô (seu esposo e rei) e Iansã são complementares, tanto que muitos estudiosos consideram ser o Orixá a face feminina do primeiro. Suas falanges numerosas controlam a energia do fogo, raios e ventos. Suas falanges dominam os eguns (os mortos) tanto que a ela são associadas muitas Pombagiras. Como atributo principal lhe é dado o domínio e a capacidade de controlar qualquer coisa, na manutenção e respeito às normas, às instituições (inclusive o casamento), aos pactos e juramentos.

É a destruidora, a que quebra velhos costumes para dar lugar aos novos, a rebelde inquieta que busca novos caminhos sem temor. Tanto que, nos mitos, aparece como a energia que rompe as barreiras interferindo nos destinos humanos, como no mito em que rouba, com seus fortes ventos, as folhas medicinais do Orixá Ossãe, redistribuindo-lhes aos diferentes Orixás.

Defende especialmente as mulheres contra injustiças dando-lhes coragem e as crianças contra males.

SEUS FILHOS

São fáceis de identificar. Muito extrovertidos, gesticulam muito, são turbulentos, parecendo verdadeiros temporais. São extremamente sensuais e gostam de chamar a atenção, pois odeiam passar despercebidos em qualquer atividade ou reunião. Têm iniciativa, mas são autoritários e não admitem questionamentos e quando houver, são tomados por crises de cólera, tornando-se muito cruéis. Um filho de Iansã veste-se com ousadia ou com muita originalidade, com abuso de cores e adereços. Se solteiros, trocam de parceiros constantemente. Se casados, são dedicados, sinceros e não medirão esforços para trabalhar por aquela relação.

OFERENDAS

Sincretizada com Santa Bárbara na Umbanda, sua oferenda consiste de 9 itens (seu número sagrado que representa os nove planos espirituais que domina – os Oruns) ou 7 (por sua associação a Ogum). Sua comida favorita é o acarajé e aprecia o amalá, junto com Xangô. Mais simplesmente podemos oferecer fatias de batata doce fritas sobre pipocas estouradas sem sal, recobertas com azeite de dendê. Sua vela será bicolor branca e vermelha, rosa ou vermelha, apreciando todos os tipos de bebida alccólica desde destilados a champanhas rosadas. Deverá ser entregue em bambuzais, na beira de riachos ou rios ou nas encruzilhadas, ao lado de Exu. No Candomblé, Iansã tem quizila com abóbora, no Sul é comum dar-se doce de abóbora (em forma de coração) em suas oferendas desde sempre.

OXUM

Como todas as Iabás, as legiões de Oxum trabalham subordinadas à Iemanjá na Umbanda. Comanda a gestação em todos os seres e, portanto, sua reencarnação e proteção das crianças que ainda não falam. Sua Linha é formada por entidades delicadas, de índole feminina, distribuindo a riqueza material vinda dos metais preciosos e fartura dos alimentos (vinda de Oxóssi). São atraídas pela beleza, artes, desenvolvimento de tais atividades entre a Humanidade. Incrementam a doçura nos lares, amainam pessoas e ambientes, estimulando a energia que comandam: o amor puro. Mesmo sendo Oxóssi o regulador das matas, pertence-lhe a fecundidade na Natureza. Por deter a sensibilidade e o amor está diretamente relacionada aos jogos divinatórios, atributo natural dos filhos desse Orixá.

SEUS FILHOS

Um filho de Oxum é arredondado, adorando doces e boas comidas. Seu rosto é harmonioso, delicado, sempre com um sorriso suave e olhares meigos. Fala amenidades o tempo todo, tendo um dom natural de descobrir os defeitos alheios e expô-los com leviandade e graça. Se provocado nunca discute, mas trama a revanche em silêncio e cria armadilhas. Possui o que chamamos de sorte e será raro ver-se um filho desse Orixá sofrendo infortúnios na vida, sempre contando com o apoio de alguém para auxiliá-lo. Explicado por mitos, seus filhos possuem enorme paixão por jóias, tendo sempre uma coleção, de acordo com suas posses. Apesar de discretos, são muito dengosos e sensuais, cultivando uma ingenuidade quase infantil e todos os prazeres da vida.

OFERENDAS

Sendo o ovo um dos principais itens de Oxum, costuma-se oferecer-lhe doces feitos com eles, como os quindins. Também milho (canjica) cozido ou pirão de farinha de milho sempre regados com muito mel. Gosta de guaranás (bebida), sua vela sempre será amarela, seu número de itens 8 (números pares) e deverão ser entregues na beira da água doce (rios, cachoeiras ou córregos limpos), seu elemento. É sincretizada com várias Nossas Senhoras, em especial aquelas cercadas de crianças, tal qual Nossa Senhora da Conceição, Nossa Senhora das Graças dentre outras.

IEMANJÁ

"A Mãe dos Peixinhos", como seu nome significa é, sem dúvida, a mais popular Orixá nas Américas. Seu caráter maternal e protetor é célebre nos mitos quando adota os filhos de outros Orixás. Assim, Oxum é a guardiã das crianças desde a gestação até falarem e Iemanjá as adota depois, até a definição de seu Orixá.

De fato, Iemanjá acalenta toda a Criação, protegendo-a maternalmente. No Brasil teria gerado todos os Orixás com Oxalá, o grande pai mítico, com exceção apenas aos filhos de Nanã Buruquê (Oxumarê, Ossãe, Euá, Xapanã e Tempo/Iroco), sendo que adotou e curou Xapanã quando foi abandonado pela mãe ao nascer.

Na Umbanda tem imensa veneração, com rituais específicos em seu reino, o mar. Contudo, não apenas esse elemento lhe pertence: mas todas as águas materiais e espirituais vertem dela, agregando em si as falanges de Oxum, Iansã, Obá e Euá, ritualizadas em separado no Candomblé e outros cultos. Por isso as Legiões de Iemanjá (suas Caboclas e Ondinas) manipulam os trabalhos de purificação e desobsessão junto ao seu elemento, em amplo descarrego magnético. Determinam a cura das doenças mentais e seus tratamentos, pois detêm a área dos sentimentos nobres que procuram estimular em todas as criaturas.

SEUS FILHOS

Os filhos de Iemanjá costumam ser pesados, de andar lento. São desleixados, não se preocupando muito com organização. As mulheres costumam ser robustas, com seios e quadris largos. Prendem tudo à sua volta, sendo extremamente apegados aos filhos, ao lar e às coisas. Tudo guardam, nada põe fora. Muitos não são sensuais, prendendo-se mais às tarefas cotidianas do que qualquer outra coisa. São queixosos, lamurientos, às vezes fofoqueiros e não muito ativos. Guardam rancores por longo tempo, sendo difícil perdoarem. Mas são muito bondosos, pacientes e excelente educadores.

OFERENDAS

Partilha os mesmos gostos que Oxalá, adorando manjares brancos feitos como arroz doce, em papa, angu de farinhas brancas, milho (canjica) branco em diversos preparos, cozidos em água, leite ou leite de coco adoçados com açúcar ou mel. Doces brancos como merengues, cocadas (essa pertencendo a Oxalá) e maria-moles, entregues próximos às águas, de preferência à beira mar. Alguns incluem guaranás, água mineral (sem gás) ou champanha (espumante) branco suave. Seu dia é sexta-feira (outros dão-lhe sábado, com Oxum), com número de itens 8 (números pares). É sincretizada com várias Nossas Senhoras sendo as mais comuns Nossa Senhora dos Navegantes, da Conceição, da Glória e das Candeias.

OXALÁ E IBEJI

As falanges de Oxalá ocupam o grau mais alto da hierarquia espiritual. São os anjos, os santos, as entidades que trabalharam na Terra como missionários. São os administradores do mundo, os que organizam todas as falanges de todos os Orixás. Distribuidores da paz, da harmonia entre todos os seres, sendo chamados por todos os Orixás e Guias como "pai". Seu domínio é tudo, abrangendo todo o céu que lhe é consagrado. É o grande patrono espiritual da Umbanda, seguido por todos os Orixás, Guias e Protetores.

Ibeji ou, como é conhecido na Umbanda, Yori, Cosme e Damião, Cosminhos ou Erês (por confusão com o Candomblé) é a entidade que assume a forma infantil nas suas manifestações, sendo o protetor das crianças, vibranco em várias Linhas (considerando-se as Sete Linhas da Umbanda). Governa os nascimentos, os princípios na Natureza ou nos fatos da vida. Possui a capacidade de tornar os ambientes alegres e felizes pela sua vibração característica, estimulando as diversões e prazeres com fins de aliviar as tensões surgidas com as atribulações do dia a dia, dono da energia mais sublime, canalizada aos planos mais elevados.

SEUS FILHOS

Apesar de faltarem-lhes iniciativa, os filhos de Oxalá são os melhores companheiros. Cuidadosos, responsáveis, calmos, francos. Sabem dar bons conselhos, daí serem chamados para apresentarem suas opiniões, sempre sensatas. Não trocam de parceiros sendo muito estáveis, mesmo que alguns sejam galanteadores e idealistas. Não gostam de discussões, porém apreciam mais as conversas que os livros. Parece que tudo sabem, mesmo não tendo estudado, possuindo grande sensibilidade. Talvez pelo perfeccionismo exigente que adotam em suas vidas, podem tornar-se soberbos ou impacientes frente às diferenças alheias.

OFERENDAS

Serão as mesmas de Iemanjá, oferecidas em lugares abertos, verdejantes e com muitas flores, entregues em dias claros. Seu dia no país inteiro é sexta-feira, no Sul é no domingo, junto com Cosme e Damião. Seu número é o 8 (números pares). Sua vela será sempre branca, o seu sincretismo com Jesus Cristo, em especial Nosso Senhor do Bonfim. Outras representações de Jesus ferido, carregando a cruz são associadas a Xapanã.

Já as oferendas a Ibeji consistem de doces variados, desde bolos e chocolates, nas praças e lugares frequentados por crianças. Alguns, por considerarem Ibeji a forma juvenil de Xangô, oferecem-lhe amalá ou caruru. Serão entregues em dia claro, geralmente à tardinha, com velas tricolores ou individuais nas cores branca, rosa e azul. São sincretizados em todo o Brasil com os santos Cosme e Damião, algumas vezes constando Doum como terceiro elemento.

ABC das Proibições

Como já dissemos anteriormente, algumas proibições são válidas, outras tornaram-se populares, mas carecem de fundamento. Outras já fazem parte da etiqueta religiosa da Umbanda, devendo ser respeitada em nossos terreiros. Citaremos algumas mais importantes e conhecidas que aceitaremos como verdadeiras.

- As oferendas deverão ser entregues a partir das sete horas da manhã ou noite, antes do Sol firmar-se ou pôr-se no céu, com excessão de Oxalá e Ibeji que apreciam dia claro. Nunca deverão ser entregues nas ditas horas grandes e pequenas (seis da manhã, meio dia, seis da tarde e meia noite). Evitem esses horários entregando uma hora depois dos mesmos.
- Nenhuma oferenda será entregue (despachada) sob a chuva. Aguarde um momento de estiagem para entregá-las em local ma s seco e tranquilo.
- À semelhança das marés, as fases lunares são determinantes em nossos trabalhos. Nas Luas Minguante faz-se trabalhos de saúde destinados à cura, já que seria benéfico para a redução dos problemas, sob o poderoso influxo magnético lunar de retração. Nos dias de lua cheia ou crescente, para trabalhos de crescimento ou progresso como a melhoria no trabalho, estudos, amor e saúde. Na lua nova não recomendamos, pois já é sentida a influência da passagem para a lua minguante.
- O respeito à Natureza e a todos os seres vivos é

um dos atributos do umbandista. Em respeito aos Orixás e a manutenção de seus locais (reinos), jamais devemos deixar lixo de qualquer espécie após as oferendas como sacolas plásticas, embalagens, papéis, garrafas de vidro, alguidares e objetos de louça. Troque-os por copos e embalagens de papel ou use as próprias folhas como bandejas. Nunca deixemos também velas acesas na mata, havendo o perigo de incêndio.

- Tanto consulentes quanto médiuns devem se abster de ingerir nos dias de trabalho (aliás, já de véspera) qualquer bebida alcoólica, comidas picantes ou indigestas, excessos de carnes e, dentro do possível, evitar ao máximo qualquer discussão e agitações de qualquer espécie. Já falamos de entidades, principalmente do Oriente, que não admitem o consumo de carne vermelha no dia do trabalho, alguns tolerando apenas ovos, frango ou peixe. Incluem-se também nesses itens o excesso de café, chás, chocolates ou qualquer estimulante.

- Todos os itens da oferenda deverão ser comprados por quem oferece, sem nenhuma exceção. Como dizem as entidades, tudo deve ser "chorado" (feito algum sacrifício pessoal, comprado com seu trabalho) e não pago por outrem.

- O local escolhido para a entrega deverá ser limpo, sem outras oferendas próximas ou ter havido algum tipo de agitação recentemente, com exceção das encruzilhadas que deverá estar limpa, mas sempre será bem movimentada.

- Cumprimente o local (lugar da entrega) com respeito, já que estarão ali entidades trabalhando para a troca magnética da mesma e saia respeitosamente, sem olhar para trás.

- Por deixarmos imantados os objetos que tocamos, a mulher menstruada deve evitar o preparo ou a entrega de oferendas por estar eliminando toxinas com o sangue de seu corpo ou apresentar fraqueza, podendo alterar de algum modo o teor energético da mesma. Lembramos que ella não está "suja", mas não estará em condições plenas para a tarefa.

- Jamais ofereça bebida gelada nas oferendas aos Guias e Orixás. Tudo deve estar à temperatura ambiente.

- Todos os itens das oferendas devem estar desembalados e abertos, inclusive balas.

- Charutos ou cigarros oferecidos poderão (ou não) estar acesos. Deixe a caixa de fósforos aberta ao lado.

- Orixás, Guias e Protetores não estão preocupados com a quantia de itens oferecidos, mas sim com a compatibilidade dos itens (evitar-se o contra-axé). Tudo será escolhido com capricho, havendo cuidado na confecção das bandejas e disposição dos objetos. Deverá conter o axé mínimo para a troca fluídica e o valor da intenção de quem pede, através dos pedidos entregues junto.

- Nas oferendas de Umbanda, mesmo sendo vítima, peça justiça divina, nunca diretamente o mal de alguém. A Umbanda não admite trabalhos voltados à magia negativa.

- As bebidas entregues aos Guias e Orixás na Umbanda seguem algumas regras. Os vinhos tintos secos podem ser entregues a Ogum, mesmo que sua bebida seja a cerveja branca. Os Pretos-Velhos poderão beber uma pequena porção de cachaça (copo conhecido como "martelinho"), licores, vinhos tintos ou suaves. As cervejas escuras pertencem a Xangô. Os espumantes podem ser oferecidos brancos à Iemanjá, rosados à Iansã. Mas tudo isso é muito variável, entretanto sempre dando atenção às pequenas porções sempre. Quando estiverem em uma oferenda poderá ser oferecida uma garrafa inteira.

- Nunca ofereça algo sem banho de descarrego tomado e de preferência outro banho na volta ou ao menos a passagem de fluido (infusão de álcool e ervas) no corpo.

- Não use roupas escuras quando for tomar passes com as entidades nos terreiros, quando serão orientados no local. Evite também cruzar pernas e braços durante os mesmos.

- Não devem ser comidos ou provados os itens já dispostos na oferenda. Dependendo do pedido, a mesma poderá estar impregnada de fluidos pouco saudáveis (pedidos para saúde, desafetos, justiça e assim por diante). Em outros casos, as sobras poderão ser consumidas.

- O centro da encruzilhada sempre será um redemoinho magnético, geralmente de forças perturbadoras. Procure evitar cruzar o local em diagonal. Quando atravessar, vá de calçada a calçada.

- Os despachos (oferendas a Exu) devem ser entregues em um dos cantos da encruzilhada. Alguns trabalhos, com a devida orientação, constam também no centro. Nunca faça sem o devido preparo e aval das entidades tais oferendas, normalmente feitas por dirigentes espirituais ou médiuns já prontos com vários anos. Limite-se a entrega de flores

- As ervas devem ser frescas e nunca demasiadamente fervidas (de preferência maceradas) nos trabalhos e infusões.

- Na Umbanda não há proibições do tipo cortar os cabelos "porque o Orixá não gosta", alimentares (salvo alimentação em excesso nos dias de trabalho, nos rituais ou Oriente), usar isso ou aquilo.

ABC das Linhas de Umbanda

1. Linha de Ogum

Como já vimos, Ogum domina a primeira Linha de Umbanda, controlando todas as atividades de execeução e cobrança do carma de cada indivíduo ou grupo, demandas espirituais e materiais e luta contra forças maléficas.

1. Falange de Ogum Beira Mar

Colaboradores de Iemanjá, Ogum Beira Mar trabalha sobre a areia mohada, enquanto Ogum Sete Ondas trabalha dentro do mar, sobre as ondas. Ambos trabalham em processos de limpeza energética, desobsessões, purificação de pessoas e ambientes. Aceitam oferendas com velas nas cores branca, verde, vermelha e azul clara.

2. Falange de Ogum Rompe Mato

Ogum Rompe Mato trabalha para Oxóssi (Odé) e Ossãe, nas matas. Ogum das Pedreiras trabalha para Xangô, nas pedreiras. Em ambos os casos é a mesma falange que trabalha com os dois Orixás, com nomes diferentes. Rompe Mato aceita suas oferendas nas estradas da mata, com velas nas cores verde, vermelha e branca ou simplesmente vermelha. Ogum das Pedreiras aceita suas oferendas em torno das pedreiras nas cores verde e vermelha (ambas as cores dão marrom), com velas nas mesmas cores.

3. Falange de Ogum Megê

É colaborador de Iansã; seu nome significa "Sete". É o guardião dos cemitérios, rondando suas calçadas, lidando diretamente com a Linhas das Almas. Toda sua oferenda será em vermelho e branco, próxima ao cruzeiro do cemitério (Calunga Pequena).

4. Falange de Ogum Naruê

Seu nome significa "Aquele que é o primeiro a gerar valor". Trabalhando diretamente na Linha das Almas, desmanchando a magia negativa, controla as almas quimbandeiras. Aceita suas oferendas com Ogum Megê ou, ainda dentro e fora dos cemitérios, nas cores branca e vermelha. Alguns entregam-lhe um ímã entre os itens.

5. Falange de Ogum Matinata

Com poucos médiuns que o incorporam (alguns afirmam que não há médiuns incorporantes), sua falange protege os campos espirituais e materiais de Oxalá, abertos, floridos e iluminados. Aceita suas oferendas nesses lugares, nas cores vermelha e branca.

6. Falange de Ogum Iara

Seu nome significa "Senhor", trabalhando para Oxum. Suas oferendas deverão ser entregues na beira de rios, lagos ou cachoeiras, onde vibram, nas cores vermelha e branca ou verde e branca. Outros incluem junto uma vela amarela.

7. Falange de Ogum Delê (ou de Lei)

"Aquele que toca o Solo", como seu nome significa, é uma falange que vibra diretamente no carma e sua cobrança, rondando o mundo. Suas cores são vermelha e branca e suas oferencas podem ser entregues nas estradas de terra ou outros ambientes, sob uma árvore.

OFERENDAS

Todas as falanges acima recebem velas nas cores indicadas, cravos vermelhos (algumas vezes junto o cravo branco), cerveja branca em temperatura ambiente ou vinhos, charutos e uma caixa aberta de fósforos, sobre um papel de seda branco ou nas cores-padrão de Ogum (verde, vermelha e branca).

ERVAS

Espadas de ogum, lanças de Ogum, losna, jurubeba, açoita cavalo (ivitinga), mangueira, marmeleiro, tanchagem.

2. Linha de Xangô

Suas falanges trabalham diretamente na Lei da Causa e Efeito, na justiça universal presente em todas as atitudes, no carma de cada indivíduo. Trabalham diversas entidades, principalmente Caboclos e Orientais.

1. Falange de Xangô Caô

Dominam a sabedoria adquirida com o tempo, a experência, atuando nas pedreiras abertas. Sua cor é o marrom escuro. É conhecido como Xangô do Oriente, controlando todas essas falanges, sincretizado na figura de S. João Batista.

2. Falange de Xangô Alafim (ou Alafim-Echê ou Alafim-Oxé)

Seu nome vem do título dado ao rei de Oió, na África e do machado oxé, machado duplo símbolo da realeza. Defendem a pureza moral, as leis e os costumes, atuando nas pedras solitárias dos caminhos. Suas cores são marrom e branca.

3. Falange de Xangô Alufã

Alufã significa "Sacerdote", essa Falange determina o destino dos desencarnados, atuando nas pedras dos rios, mares, cachoeiras e todas as águas, daí sendo também protetor dos pescadores. Suas cores são marrom e o branco.

4. Falange de Xangô Agodô

Seu nome significa "Grandeza", atuando nas pedras mergulhadas em todas as águas, inclusive nas pedras iniciáticas (ocutás no Africanismo e "firmações" na Umbanda) e na pedra batismal. Vibra na cor marrom e é sincretizado na figura de São Jerônimo, também conhecido como "Xangô Velho".

5. Falange Falange de Xangô Abomi (ou Abomin)

"Aquele que derrama a água de uma vasilha" ou "Aquele que batiza", controla os ritos de inicação e casamentos, as instituições, protegendo nas horas de angústia, aflições e perdas. Vibra nas cordilheiras, nas montanhas. Sua vela é marrom, podendo entregar junto uma vela azul à Iemanjá, já que atua também nos assuntos de amor.

6. Falange de Xangô Aganju

É uma energia jovem, ativa, trazendo harmonia nos assuntos de amor e justiça. Trabalha com a Linha de Oxum, atuando nas pedras das cachoeiras. Suas cores são branco e marrom e é sincretizado na imagem de São Miguel Arcanjo.

7. Falange de Xangô Djacutá

Seu nome significa "Pedra", dominando as forças do Orixá nos raios e meteoritos, sendo muito invocado nas injustiças que conduzem às aflições, defendendo as vítimas desses abusos. Suas cores são o branco e o marrom.

OFERENDAS

Além das já citadas, basicamente consistem de velas marrom (podendo incluir o branco), charutos, caixa de fósforos aberta ao lado, cerveja preta, rosas ou lírios brancos.

ERVAS

Goiabeira (outros dão a Oxóssi), bananeira (outros dão a Exu), Mamoeiro, Morangueiros, alevante, alfavaca roxa, mulungu, corticeira, musgo nas pedras, quebra pedra.

3. Linha de Oxóssi

Toda a parte doutrinária e evangélica, com fins de trazer fé às almas rebeldes, pertence a essa Linha. Interferem nos males psíquicos e físicos, inspirando a Medicina em seu trabalho. Por conduzirem as almas ao Bem,

Oxóssi é também chamado de "Caçador de Almas".
Rege também a disciplina e a obediência.

1. Falange dos Caboclos Peles-Vermelhas

Excelentes doutrinadores, xamãs com grande sabedoria, pertencem às antigas tribos e cicilizações antigas das Américas (maias, astecas, incas, etc.). Falam estranhos dialetos às vezes ou um sotaque forte quando descem, mesmo que atualmente isso é muito raro. Oferecem-lhes também incenso, folhas de alecrim e alfazema frescas.

2. Falange do Caboclo Arariboia

São eles os "caçadores" do alimento físico, trazendo recursos às nossas mesas. Por isso essa falange se dedica a proteger os injustiçados em seu direito de sustento e sobrevivência de suas famílias, vibrando nas matas e montanhas. Gostam de flores do campo, variadas.

3. Falange da Cabocla Jurema

Mesmo que valentes e guerreiras, são entidades meigas, amorosas, trazendo os recursos da Natureza transformando-os em energias próprias para purificação de ambientes, pessoas e como recurso à Medicina espiritual, sempre aos serviços de Oxóssi e Ossãe. Gostam de mel nas oferendas, fitas coloridas (menos o preto).

4. Falange dos Caboclos Guaranis

São grandes guerreiros. Defendem as matas, junto a Ogum Rompe Mato. Onde estão os guaranis há a paz, daí serem chamados de "Falange da Paz". Nunca recebem mel em suas oferendas.

5. Falange dos Caboclos Tamoios

Humildes e pacientes, são eles os conhecidos "domadores de feiticeiros" ou "bumba na calunga", vencendo a feitiçaria. Trazem as almas ao Bem, daí serem "caçadores de almas", na atribuição legítima das falanges de Oxóssi. A ella pertencem Muiraquitã e Grajaúna. Apreciam folhas de arruda em suas oferendas, guiné e rosas de qualquer cor, bem como mel para alguns.

6. Falange dos Caboclos Tupis

São os antigos Tatauys, conhecidos por serem muito ágeis, bons caçadores e muito brincalhões. Apreciam sucos, mel e flores diversas.

7. Falange do Caboclo Urubatã

São os mais velhos, sábios, conhecedores da mata e seus segredos. Há poucos médiuns que o incorporam, para outros não são incorporantes. Trabalham nas colinas floridas, pois ligam-se à vibração de Oxalá. Nas suas oferendas vão muito mel e flores brancas. Sua vela inclui uma vela branca, sendo a única falange que recebe outra cor além da verde.

OFERENDAS

À semelhança do que já foi dito a Oxóssi, seus caboclos e suas legiões recebem norangas ou qualquer outro fruto da terra cozido em água, charutos, uma caixa de fósforo aberta ao lado, vinhos, licores, conforme orientação espiritual. Suas velas são verdes, entregues em lugar tranquilo, próximo às matas ou jardins.

ERVAS

Todas as ervas, especialmente aquelas que nascem nas matas.

4. Linha de Iemanjá

Nessa falange, ra Umbanda, trabalham as Iabás (Orixás femininos, todas donas de rios na África), agrupadas como Caboclas ou então Ondinas (janaínas, sereias). As segundas normalmente chegam em silêncio ou emitindo notas longas à semelhança dos golfinhos ou baleias e nos trabalhos de mar, rolam na beira da praia, molhando-se com as primeiras ondas. Sua missão é trabalhar diretamente com a força emotiva por meio dos mais nobres sentimentos de maternidade, misericórdia e amor. São importantíssimas no descarrego, nos processos de obsessão e cura de muitos males, inclusive psíquicos.

1. Falange da Sereia do Mar

Entidades que assumem formas encantadoras, residindo em todo o elemento água. Possuem total domínio sobre as energias desse meio. Aceitam as tradicionais oferendas a Iemanjá, entregues nos mares, lagos ou rios.

2. Falange da Cabocla Iara

Dominam a força nascida do encontro das águas doces e salgadas, muito ligadas ao Orixá Ogum. É tambén o nome de entidades conhecidas como Caboclas dos Rios. São alegres e juvenis. Sua vela será azul clara e uma tricolor verde, vermelha e branca para Ogum.

3. Falange da Cabocla Nanã

A Cabocla Nanã ou Nanã Buruquê/Burucum é chefe da falange das Ondinas. Suas entidades trabalham na beira/margem das fontes e trazem uma vibração capaz de promover profunda paz e harmonização nos lares. Protegem as atividades ligadas ao ensino, como o magistério. Sua vela será azul clara e lilás.

4. Falange da Cabocla Iansã

A Cabocla Iansã é falangeira do Orixá de mesmo nome na Umbanda, junto à Iemanjá. Trabalha controlando os fortes temporais e chuvas, forças essas capazes de proporcionar grande resistência nas dificuldades da vida. Aceitam velas azuis claras e vermelha ou bicolor vermelha e branca entregues nos bambuzais ou beira de cachoeiras, longe da queda d´água, muito ligadas também ao Orixá Xangô.

5. Falange da Cabocla Oxum

As energias do amor puro e da luz que se irrradiam sobre as cachoeiras são a matéria-prima para suas atividades, muito ligadas ao Orixá Iemanjá. Através de sua falange, os fluidos benfeitores são trazidos através das "águas espirituais" (ou seja, o prana ou fluido cósmico universal). Sua vela será azul clara e amarela, dedicada ao Orixá Oxum.

6. Falange da Cabocla Indaiá

Sua falange é das Caboclas do Mar ligadas à Yori, ou seja, à Falange de Cosme e Damião. Absorvem energias de vários elementos e transmutam nas energias alegres e vibrantes das crianças. Suas velas são azul clara e rosa.

7. Falange da Cabocla/Sereia Janaína

Guardam a força do amor conjugal e da procriação. Ligam-se muito ao Orixá Oxalá. Suas cores serão azul clara e branca.

OFERENDAS

Serão entregues sobre papéis de seda azuis e brancos, flores brancas ou azuladas, lírios e rosas brancas, guaranás ou champanhas vertidos diretamente nas ondas (traga de volta as garrafas), doces brancos, perfume de seiva de alfazema vertido nas águas (não deixe a garrafa do perfume). Evite os pentes, espelhos, batons, bijuterias e outros elementos de plástico ou vidro que não se degradem na Natureza, inclusive barquinhos de isopor ou fitas mimosa que são feitas atualmente de tecido sintético.

ERVAS

Lágrimas de Nossa Senhora, espada de iansã, folhas de bambu, onda do mar (lambari), trapoeraba, camomila e qualquer planta aquática.

5. Linha de Yori

Yori significa "Vitalidade Saindo da Luz". É formada por entidades que optaram apresentar-se como crianças, outras estariam em preparo para uma reencarnação próxima. Onde for necessária uma vibração dirigida à alegria, à fraternidade e à comunhão, lá estará a Linha de Yori que, por essa bela qualidade, dominará as energias mais sublimes do plano espiritual.

Também é chamada Linha das Crianças, dos Cosmes e por outros Erês (por analogia ao Candomblé que, segundo os candomblecistas erê seria outra coisa).

Para o umbandista, uma criança brincando durante uma gira não é uma atividade infrutífera, como pensam muitos. É uma entidade que sabe perfeitamente o que está fazendo, com o objetivo de descarrego de tudo à volta, bem como harmonização da corrente mediúnica e lares dos consulentes.

1. Falange de Tupanzinho (Idolu ou Idossu)

São entidades que vibram na Linha de Oxóssi, protegendo os lenhadores, pescadores e animais selvagens. Nas oferendas, gostam de apetrechos indígenas bem enfeitados e cores verde e rosa.

2. Falange de Doum

São entidades que nasceram no período de cativeiro que, assom como Doum, são filhos de mãe indígena e pai africano. Auxiliam nos tratamentos médicos, protegendo os profissionais da saúde e os enfermos, proporcionando maior integração entre ambos. Essa falange cruza com a Linha de Yorimá (Pretos-Velhos) e aceitam suas oferendas nos jardins ou praias.

3. Falange de Alabá

Cruzam com Ogum, Oxumarê e Iemanjá. Da vibração dos três Orixás, recebem condições de trabalhar com os militares, dando-lhes coragem e piedade aos que usam farda. Suas oferendas são próximas a cachoeiras, pois as cores do arco-íris atraem muito essa falange.

4. Falange de Dansu

Espalham-se nos dias de tormenta, com fins de proteger adultos e crianças nesses dias, trabalhando cruzados com Xangô. Gostam de fitas marrom e até seixos rolados em suas bandejas, entregues nas pedras das cachoeiras.

5. Falange de Sansu

Legião de entidades que se apresentam como meninas, distribuidoras de ternura vinda de Deus. Trabalham cruzadas com Iemanjá. Devem ser enetregues a elas conchinhas e estrelas-do-mar na beira de praias, junto com os demais itens da oferenda.

6. Falange de Damião

Cruzam com a vibração original dos Cosmes, ligando-se a Cosme e Doum, cuidando das crianças recém-desencarnadas no astral. Têm enorme poder de cura. Vibram de preferência nos jardins ou praias.

7. Falange de Cosme

Igualmente, responsabilizam-se pelas crianças recém-desencarnadas, obedientes à Linha de Oxalá ao qual cruzam. Alimentam-nas com fluidos delicados chamados "mel" ou quiçá os fluidos extraídos desse alimento.

OFERENDAS

As oferendas de todas as falanges de Yori incluem muito mel (puro), balas, pirulitos, bolachas doces, doces e bolos, chupetas rosas e/ou azuis e brinquedos (esses dados apenas quando a oferenda for entregue dentro do terreiro), fitas nas cores rosa, azul clara e branca, tudo bem desembalado, sempre de acordo com a Falange ou Entidade reverenciada.

ERVAS

Trevos de três folhas, manjericão, alecrim, alfazema, ervas de Oxalá, Iemanjá ou Oxum.

6. Linha de Yorimá (Pretos-Velhos)

Seu nome significa "Lei na Aplicação da Vitalidade Saindo da Luz" ou "Lei Divina em Ação". É a Linha do aprendizado a duros custos, da compreensão das aflições, valorizando as duras lições da Vida. É a prática da Caridade teórica, da humildade adquirida sob as mais cruéis provações. São aqueles que ensinam que, mesmo mergulhados no erro, ainda há esperanças. São nossos

Pretos-Velhos.

1. Falange do Povo da Costa (Rei Cabinda)

Cruzam com Iemanjá e ensinam que, através da resignação das provas, haverá o resgate das dívidas do passado (carma). Consolam e auxiliam os sofredores, com muito amor. Suas oferendas são entregues nas praias.

2. Falange do Povo de Congo (Rei Congo)

Com Yori conseguem a energia pura e infantil dessa falange que, transformada, vence a dor e traz a alegria. Junto de sua oferenda vai uma vela rosa, oferecida às Crianças.

3. Falange do Povo de Angola (Pai Joaquim)

Libertam os escravos de hoje, presos aos vícios, maldades e erros, despertando-os para a Vida, por meio de esclarecimentos ou ritos. Vibram nas matas e sua vela será roxa, cor mística por excelência.

4. Falange do Povo da Guiné (Pai Guiné)

Possuem o conhecimento das Calungas (Grande – o Mar e a Pequena - o Cemitério), profundos conhecedores da magia e da sabedoria parta a cura de todos os males. Recebem suas oferendas no cruzeiro do cemitério ou na beira do mar.

5. Falange do Povo de Moçambique (Pai Jerônimo)

Trabalham na lei do livre-arbítrio (ou da Livre Escolha), com fins de inspirar a libertação do indivíduo durante sua vida terrena. Vibram na mata, sobre pedras e, em especial, lugares abertos nesses locais, próprios ao repouso e à oração.

6. Falange do Povo de Luanda (Pai José)

Combatem demandas, fazendo cumprir rigorosamente os rituais e trabalham muito na Caridade sendo exigentes, mas muito bondosos. Recebem suas oferendas no cruzeiro do cemitério.

7. Falange de Benguela (Pai Tomé)

Por terem sofrido muito na Terra, compreendem as misérias humanas, trabalhando na busca da paz, da fraternidade e estimulam a Caridade. Vibram nas colinas abertas e floridas.

OFERENDAS

Cada Preto-Velho tem sua preferência e gostos, ditados aos seus médiuns. Alguns recebem cigarros de palha, fumo em rolo, fumo de cachimbo, café preto adoçado, melado, licores, cachaça em pequenas porções, doces tradicionais (típicos, feitos nas antigas fazendas

ou muito comuns nas festas juninas) como pés-de-mole-
que, paçocas de amendoim, rapaduras, sagu, farofas de
dendê com linguiça apimentada, outros angus de peixe
dentre inúmeros itens.

ERVAS

Arruda, guiné, benjoim, cipreste, folhas de café,
alfavaca e vassourinha branca, cana de açúcar.

7. Linha de Oxalá

É a fusão de todas as outras. As legiões de Oxalá
são a sétima e última Linha, responsável pela integração
das demais como já dissemos. É aquela que coordena,
sendo a manifestação cósmica do céu, da terra, da luz e
da energia, da sabedoria mais profunda, da paz e do
amor.

1. Falange de Ogum Delê (Ogum)
2. Falange de Xangô Djacutá (Xangô)
3. Falange do Caboclo Urubatã (Oxóssi)
4. Falange da Cabocla Janaína (Iemanjá)
5. Falange de Cosme (Yori)
6. Falange do Povo de Benguela (Yorimá)
7. Falange dos Caboclos de Oxalá

Lembramos que os Caboclos de Oxalá dificilmente incorporam, sendo os responsáveis pela coordenação das demais falanges e da missão que cada Guia-Chefe assume perante a Umbanda.

ERVAS

Boldo (tapete de Oxalá), manjericão, alecrim, canela, hortelã, laranjeira, funcho, malva cheirosa.

Pontos Riscados

Os diversos sinais escritos à pemba, alguns originários da Cabala outros dos povos Ewe-Fon do Benim, expressam uma ideia que identificam (e firmam) as entidades que os riscam, mostrando seus campos de atuação, a quem se subordinam, sendo capazes de "fechar" um campo magnético à volta dele, protegendo seu interior ou região. Veremos adiante os mais comuns, para auxiliar na compreensão do que já dissemos.

A estrela de 5 pontas significa o conhecimento sobre o Bem e o Mal. Símbolo de Iemanjá.

A flecha é a energia dirigida, a vontade, princípio da vida e da morte. Simboliza Oxóssi.

Cruz é a regeneração pela transformação. Símbolo das Almas.

Meia lua com ondas é Iemanjá. A alma em regeneração.

Machado ou balança é Xangô.

Coração é Oxum.

Círculo delimitando o ponto significa o limite de atuação.

Círculo com um ponto no centro (ou olho) é o Sol, energia total do espírito. Oxalá.

— A espada é Ogum (também a lança).

X X ou encruzilhada são os resíduos espirituais.

△ O triângulo é o Oriente, a sabedoria de Deus.

✡ A estrela de seis pontas é Oxalá.

⚡ O duplo raio é Iansã.

↝ A onda com fecha é Yori. A pureza e o conhecimento.

+++
+++ Cruzes é Linha de Almas, Xapanã.
+++ A transformação da matéria.

◎ Espiral é evolução final, o infinito.

| O traço vertical é a busca ao Criador.

Aqui temos um exemplo:

Um ponto como esse identifica uma entidade cruzada nas Linhas de Ogum e Oxóssi. As espadas de Ogum confirmam ser a entidade dessa Linha. A flecha, tanto sendo representação de Oxóssi, quanto mostram ela dirigida para os X, os resíduos espirituais. O círculo delimita sua atuação, mostrando que ela controla unicamente esse tipo de trabalho. Em resumo, o ponto significa a força de Ogum dirigida na queima e na destruição dos resíduos espirituais, no desmanche de magia negativa.

Bibliografia

CACCIATORE, Olga Gudolle. *Dicionário de Cultos Afro-Brasileiros.* Rio de Janeiro, Editora Forende-Universitária Ltda, 1977

CARMO, João C. *O que é Candomblé.* Coleção Primeiros Passos, São Paulo, Editora Brasiliense S.A., 1987.

KARDEC, Allan. *O Livro dos Médiuns.* Rio de Janeiro, Federação Espírita Brasileira, 1944.

LINARES, Ronaldo A. et alli. *Iniciação à Umbanda – Volume 2.* Tríade Editorial.

MAES, Hercílio. *Magia de Redenção (por) Ramatis.* Rio de Janeiro, Livraria Freitas Bastos S.A., 1913.

MICHAELUS. *Magnetismo Espiritual.* Rio de Janeiro, Federação Espírita Brasileira, 1952.

PASTORINO, C. Torres. *Técnica da Mediunidade* (ensaio). Rio de Janeiro, Sabedoria Livraria Editora Ltda, 1975.

PERALVA, Martins. *Estudando a Mediunidade.* Rio de Janeiro, Federação Espírita Brasileira, 1956.

RIVAS NETO, F. (ARAPIAGA). *Lições Básicas de Umbanda.* 1ª Edição, Rio de Janeiro, Livraria Freitas Bastos, 1991.

SCLIAR, Marcos. *Magia Branca da Umbanda: prática, pontos, oferendas.* Rio de Janeiro, Pallas – Editora e Distribuidora Ltda, 1992.

SILVA, Woodrow Wilson da Matta (YAPACANI). *Umbanda e o poder da mediunidade.* 3ª edição, Rio de Janeiro, Livraria Freitas Bastos, 1987.

VERGER, Pierre Fatumbi e Carybé (Ilustrador). *Lendas Africanas dos Orixás.* 3ª edição, São Paulo, Corrupio Edições e Promoções Culturais Ltda., 1992.

XAVIER, Francisco Cândido. *Libertação (por) André Luiz.* 14ª edição, Rio de Janeiro, Federação Espírita Brasileira, 1949.

www.ingramcontent.com/pod-product-compliance
Lightning Source LLC
Chambersburg PA
CBHW020507030426
42337CB00011B/274